U0677801

高校篮球运动技术与训练方法研究

杨海林　张　帅　著

东北大学出版社

·沈　阳·

图书在版编目（CIP）数据

高校篮球运动技术与训练方法研究／杨海林，张帅
著. -- 沈阳：东北大学出版社，2024. 7. -- ISBN 978-
7-5517-3581-0

Ⅰ. G841.2
中国国家版本馆 CIP 数据核字第 2024UV8066 号

出　版　者：东北大学出版社
　　　　　　地址：沈阳市和平区文化路三号巷 11 号
　　　　　　邮编：110819
　　　　　　电话：024-83683655（总编室）
　　　　　　　　　024-83687331（营销部）
　　　　　　网址：http://press.neu.edu.cn
印　刷　者：辽宁一诺广告印务有限公司
发　行　者：东北大学出版社
幅面尺寸：185 mm×260 mm
印　　张：9.25
字　　数：171 千字
出版时间：2024 年 7 月第 1 版
印刷时间：2024 年 7 月第 1 次印刷
责任编辑：王　旭
责任校对：周　朦
封面设计：张田田　潘正一
责任出版：初　茗

ISBN 978-7-5517-3581-0　　　　　　　　　　　定　价：45.00 元

前　言

　　篮球，作为一项深受大众喜爱的体育运动，其魅力源自独特的竞技性、团队协作性及对于个人技能的极致挑战。高校篮球作为篮球运动的重要组成部分，不仅是培养学生体育精神、团队协作能力和个人技能的重要方式，更是塑造学生健康生活方式和积极人生态度的重要途径。因此，对高校篮球运动技术与训练方法的研究，不仅有助于提升篮球运动的整体水平，而且对于培养全面发展的高素质人才具有深远意义。

　　本书以篮球运动的基本知识为切入点，介绍高校篮球运动的基本技术，论述高校篮球运动训练的基础知识，梳理与总结高校篮球运动战术训练方法、高校篮球综合素质训练方法，并对高校篮球运动训练方法的创新探索进行深入研究。期望通过本书的介绍，能够为广大读者学习和研究高校篮球运动技术与训练方法提供帮助。

　　在写作本书过程中，著者参阅了与本书主题相关文献资料，在此，谨向其作者深表谢忱。

　　由于著者水平有限，书中难免存在疏漏和缺点，诚请广大读者批评指正、不吝赐教。

著　者

2024 年 2 月

目 录

第一章 篮球运动的基本知识 ……………………………………………… 1

第一节 篮球运动概述 ……………………………………………… 1

第二节 篮球运动的特点 …………………………………………… 5

第三节 篮球运动的规则 …………………………………………… 13

第二章 高校篮球运动的基本技术 ……………………………… 21

第一节 篮球运球技术 ……………………………………………… 21

第二节 篮球传球技术 ……………………………………………… 27

第三节 篮球投篮技术 ……………………………………………… 34

第三章 高校篮球运动训练的基础知识 ………………………… 43

第一节 高校篮球运动训练原则 …………………………………… 43

第二节 高校篮球运动训练方法 …………………………………… 49

第三节 高校篮球运动训练计划 …………………………………… 54

第四章 高校篮球运动战术训练方法 …………………………… 64

第一节 篮球进攻战术训练 ………………………………………… 64

第二节 篮球防守战术训练 ………………………………………… 77

第三节 篮球攻守转换战术训练 …………………………………… 86

第五章 高校篮球综合素质训练方法 …………………………… 94

第一节 高校篮球核心力量训练 …………………………………… 94

第二节 高校篮球速度素质训练 …………………………………… 99

第三节 高校篮球耐力素质训练 …………………………………… 107

第四节 高校篮球灵敏素质训练 …………………………………… 115

第五节 高校篮球柔韧素质训练 …………………………………… 121

第六章 高校篮球运动训练方法的创新探索 …………………… 127

第一节 基于 SSG 训练方法的高校篮球运动训练 ……………… 127

第二节 基于 SAQ 训练方法的高校篮球运动训练 ……………… 132

参考文献 ………………………………………………………………… 140

第一章　篮球运动的基本知识

第一节　篮球运动概述

一、篮球运动的分类

篮球运动可以根据不同的分类标准进行细分。

从比赛形式的角度来看，篮球运动主要可以分为室内篮球和户外篮球。室内篮球主要是在室内场地（如室内篮球馆、学校体育馆及训练场等）进行的比赛；户外篮球则是指在露天场地进行的比赛，如街头篮球、城市篮球赛等。

根据参与者的年龄进行分类，篮球运动可以分为青少年篮球、成人篮球和老年篮球等。青少年篮球注重培养青少年的身体素质和技能，为青少年提供良好的篮球基础训练；成人篮球以娱乐和健身为主，让成年人在工作之余放松身心；老年篮球主要是针对年长者，通过篮球运动来促进身体健康、延缓衰老。

二、篮球运动的价值

（一）对身体健康的影响

篮球运动能够有效提高心肺耐力和身体的代谢水平。在篮球比赛中，运动员需要不断奔跑、跳跃、转身等，这对于提升心肺功能和加快新陈代谢有重要作用。通过这些高强度的运动锻炼，人体的耐力和体能水平都会得到有效的提高。

篮球运动对于增强肌肉力量和体质也有很大的帮助。在篮球比赛中，运动员需要频繁地进行跳跃、投球、变向等动作，这对于肌肉的力量和协调性要求较高。通过长期的篮球训练和比赛锻炼，运动员能够逐渐提高肌肉的力量、耐力和协调能力，从而使整个身体的机能得到全面的提升。

篮球运动可以提高身体的柔韧性和平衡能力。在篮球比赛中，运动员需要进行各种灵活的跑动、转身和变向动作，这对于身体的柔韧性和平衡能力提出了较高的要求。通过长期的训练，运动员的柔韧性和平衡能力会得到显著提高，从而降低受伤的风险，并且使身体的灵活性更加出色。

综上，篮球运动对于身体健康有着显著的积极影响。它能够提高心肺耐力和代谢水平，增强肌肉力量和体质，提高身体的柔韧性和平衡能力。因此，推广篮球运动对于改善整个社会的健康状况具有重要意义。在今后的发展中，我们应该鼓励更多的人参与到篮球运动中来，享受健康快乐的同时，提高自身的身体素质和健康水平。

（二）对团队合作能力的培养

篮球比赛需要运动员之间紧密配合、共同协作，以达到共同的目标。在篮球比赛中，每名运动员都有自己的位置和职责，他们需要相互配合、相互支持，才能在比赛中取得胜利。

篮球运动要求运动员之间进行频繁的传球和配合。无论进攻还是防守，团队中的每个人都扮演着重要的角色。通过传球，运动员之间传递信息、共同承担责任，形成攻守转换的默契。在比赛中，运动员需要准确地传球给合适位置的队友，并且根据情况做出及时的反应。这种传球与配合的训练有助于培养运动员之间的团队意识和协调能力。

篮球运动有助于培养运动员之间的信任和合作精神。在比赛中，每名运动员都会遇到困难和挑战。只有通过互相信任和合作，才能克服困难，取得成功。在训练过程中，运动员会通过团队合作的练习，增加彼此之间的默契和信任。他们会学会相互支持和帮助，不仅在篮球场上，也会在生活中形成真正的团队精神。

篮球运动在培养团队合作能力的过程中，注重领导能力的发展。在球队中，队长扮演着领导角色，他需要带领运动员共同奋斗，指导并鼓励队友。同时，其他运动员要学会接受并执行队长的指示，这在培养团队合作能力的过程中起着关键作用。这种领导与被领导的互动关系，使运动员之间更好地理解和欣赏彼此，从而提高团队合作的效果。

（三）对心理素质的锻炼

篮球运动能够培养运动员的意志力和坚毅精神。在比赛中，运动员需要面对各种困难，如对手的压力、时间的限制和比分的领先或落后等。这需要运动员具备较强的意志力和抗压能力，才能克服困难并继续努力。通过长期的训练和比赛，运动员的意志力和坚毅精神会得到锻炼。

篮球运动可以帮助运动员培养自信心和自尊心。在比赛中，运动员需要展现自己的能力和技巧，并与其他队友展开竞争。这样，运动员就能逐渐建立自信心并获得他人的认可。同时，篮球运动也注重团队合作，每名参与者都扮演着重要的角色。在团队协作中，每个人的贡献都是不可或缺的。通过与队友的合作，运动员可以体验到团队胜利的喜悦和成就感，从而增强自尊心。

篮球运动可以帮助运动员培养积极的心态和抗挫折能力。在比赛中，每名参与者都会面临失败和挫折，如失误、得不到教练的认可或被替换等情况。运动员需要学会从失败中吸取经验教训，保持积极的心态并坚持追求自己的目标。通过不断努力和挑战，运动员可以逐渐形成抗挫折的能力，并应对生活中的各种困难。

三、现代篮球运动的发展趋势

（一）技术与战术的变化

随着科技的进步和对篮球运动规则的不断调整，运动员不断寻求创新和突破，以提高比赛的水平和观赏性。

技术方面的变化使运动员能够展现更加出色的个人能力。例如，在过去，灵活的运球技术并不被重视；而现在，控球技术已成为每名运动员都需具备的基本技能之一。运动员能够通过各种变幻莫测的运球动作迷惑对手，找到对手的破绽，从而完成出色的进攻。

战术方面的变化极大地影响着现代篮球运动。传统的篮球战术更加注重团队合作和传球配合，而现代篮球战术更加突出个人能力的发挥和战术调整的灵活性。例如，过去的篮球比赛中，一支球队通常会采用固定的进攻套路，依靠配合来寻找得分机会。而现在，赛场上变化多样，球队可以根据比赛情况随时调整战术，利用个人能力创造出更多的进攻机会。

技术和战术的变化也促进了篮球运动的进一步发展。运动员通过不断探索和创新，使篮球运动越来越富有观赏性和娱乐性。比赛中各种精彩的扣篮、精准的投篮、精妙的传球等动作都能够吸引观众的眼球，从而增加比赛的吸引力。同时，技术和战术的进步也使比赛的结果更加不可预测，增加了比赛的悬念和紧张感，使篮球运动更加具有竞技性和观赏性。

（二）篮球产业的发展

篮球作为一项全球性的运动，其产业化进程在近年来有着迅猛的发展。篮球运动的广泛受众和激动人心的比赛吸引了众多企业和投资者的目光，篮球产业正成为一个巨大且具有潜力的市场。在篮球产业的发展中，可以观察到以下四个方面的变化趋势。

1. 篮球赛事的商业化程度不断提升

在过去，篮球赛事主要依靠赞助商的支持，但现在它已经发展为一个自给自足的产业链。通过电视转播权、门票销售、广告投放及衍生品销售等渠道，篮球赛事获得了巨额的收入，吸引了众多企业和品牌的参与。同时，为了提升赛事的商业价值，各种营销手段和推广活动被广泛应用，让篮球赛事成为一项综合性的娱乐活动。

2. 篮球装备产业呈现出蓬勃发展的态势

篮球的普及程度和参与人数的增加，带动了篮球装备市场的需求。篮球鞋、篮球服装、篮球配件等相关商品充斥市场，在年轻人中形成了一股"篮球文化"潮流。运动员也成为时尚和潮流的代表，他们穿戴的篮球装备备受追捧。篮球装备产业的发展为相关企业带来了巨大的商机和利润。

3. 篮球产业与数字科技的结合日益紧密

随着移动互联网和数字技术的飞速发展，篮球产业也积极融入了这一趋势。通过移动应用、社交媒体、直播平台等数字科技的运用，篮球迷可以随时随地观看比赛，获取相关资讯，与其他球迷互动。同时，数字科技也为球队管理、数据分析、训练方法等提供了更便捷、更高效的工具和手段。

4. 篮球产业的国际化程度日益增强

随着全球交流和合作的不断增加，篮球产业已经成为一个全球性的行业。国际篮球比赛和国际俱乐部赛事的丰富多样，为运动员提供了更广阔的平台和更多的机会。同时，球队的交流与合作也推动了各国篮球产业的互动与发展。国际化的篮球产业为运动员、教练、裁判等各个领域的专业人士提供了更广阔的发展空间。

第二节　篮球运动的特点

一、篮球运动的集体性特点

（一）集体协作的重要性

集体协作是指运动员之间密切配合、相互支持，共同为达到篮球比赛的目标而努力。在篮球比赛中，集体协作是取得胜利的关键因素之一。

在篮球比赛中，运动员之间的默契配合是集体协作的重要表现。运动员通过相互传球、策应等方式，实现球队整体的流畅运转。篮球的战术体系和战术套路需要运动员相互之间有默契的配合，从而最大限度地发挥每名运动员的优势，并凸显球队攻守兼备的整体实力。

集体协作需要运动员具备良好的团队精神和合作意识。在篮球比赛中，每名运动员都承担着各自的角色和责任。只有在团队合作的基础上，才能够充分发挥出每名运动员的能力和个人的优势。团队精神的培养需要球队内部紧密联系，只有团结一致，才能在比赛中取得胜利。

集体协作的重要性体现在篮球比赛中战术的运用上。球队在比赛中采用的各种战术，需要运动员准确理解并快速执行。通过团队协作，球队可以在防守端形成紧密的防线，限制对方的得分机会；在进攻端通过传球、策应等方式，将球打入对方篮筐。这些战术的执行离不开运动员之间的彼此信任和默契配合。只有团队整体的配合，才能够使战术得以顺利实施。

（二）集体战术的运用

通过合理的集体战术安排，球队能够更好地发挥协作效应，增强整体实力。集体战术的核心在于球队成员之间的默契配合和相互的沟通与理解。

集体战术能够有效提升球队的进攻效率。在进攻端，运动员通过相互的传球、移动和分工合作，能够突破对方防线，创造出更多的得分机会。例如，通过快速的侧翼突破和内线接应，运动员可以利用空当得分，或者选择传球给处于更有利位置的队友。这种集体协作的进攻方式可以让球队在进攻时更加有条不紊。

通过整体防守，球队能够形成密集且紧密的防守体系，有效限制对手的进攻。在集体防守中，运动员相互之间进行配合，通过站位、协防和盯人等策略，使对手很难找到进攻空间，并且有效削弱对手的得分能力。这需要运动员具备个人防守能力、团队意识和配合能力。只有充分发挥集体防守的力量，才能在抵御对手进攻的同时保持整体的稳定性。

集体战术能够让球队更好地应对比赛中的变化和挑战。通过制定合理的战术，球队能够根据比赛的具体情况进行调整和变化。无论快攻、反击还是控制节奏的进攻方式，或是紧逼、包夹等不同的防守策略，集体战术都能够让球队更加灵活地应对各种情况，并及时进行战术调整。

在实施集体战术的过程中，培养运动员之间的团队精神至关重要。团队精神是指运动员相互间的信任、合作和共同目标的意识。只有通过培养团队精神，球队才能够在比赛中保持最佳状态。通过训练和比赛中的合作，运动员不断配合，从而在比赛中形成无声的默契，更好地实施集体战术。

(三) 集体精神的培养

篮球是一项团队运动，每名运动员都扮演着特定的角色，必须与其他运动员密切合作，以达到共同的目标。在篮球比赛中，集体精神不仅仅是指运动员之间的团结合作，还涉及对球队整体利益的关注和追求。

培养集体精神需要建立良好的沟通机制。在篮球比赛中，运动员之间必须通过有效的沟通来传递信息、制定战术、协调行动等。球队成员应积极参与讨论，并提供建设性意见，以便为球队的发展做出贡献。

培养集体精神需要注重培养球队的凝聚力和团队意识。在篮球比赛中，球队成员之间的默契和信任非常关键。通过定期进行团队建设活动（如共同参与训练、讨论比赛录像、组织团队旅行等），可以加强球队成员之间的联系和理解。此外，培养团队意识，即把整支球队的利益放在个人利益之前，是重要的价值观。运动员应该明白，只有当整个团队达到最佳状态时，才有可能取得成功。

在培养集体精神过程中，需要适时进行团队的调整和重新组合。在篮球比赛中，球队成员之间的角色和职责是随时可能变化的，球队应灵活应对。教练应根据比赛需求和运动员的特点，合理安排战术和轮换，以充分发挥每名运动员的潜力，并最大限度地发挥整个团队的优势。此外，运动员之间的彼此支持和理解也是非常重要的，只有当团队中的每个人都感受到支持和尊重时，才能够形成强大的集体精神。

二、篮球运动的综合性特点

（一）技术、战术与体能的综合运用

在篮球比赛中，运动员需要具备扎实的基本功，并能够灵活运用于比赛中。技术的综合运用包括投篮、运球、传球、篮板、防守等，运动员需要通过不同的技术动作来协调攻守转换的过程。

战术是指在比赛中，根据不同的情况和对手的特点，通过组织与协调来实现比赛目标的方式。在篮球比赛中，球队的战术配合十分关键，包括进攻战术、防守战术及快攻、反击等战术手段。运动员需要根据比赛的具体情况，灵活运用各种战术手段，以最有效的方式达到胜利的目标。

篮球比赛对运动员的身体素质要求较高，包括速度、耐力、柔韧性、协调性等。运动员需要在比赛中迅速反应、持久战斗，并能够通过身体素质优势，应对对手的防守和压力。

技术、战术和体能的综合运用，需要经过各种训练方法的综合实施来实现。篮球训练方法的多样性和变化性是为了让运动员适应不同的比赛场景和对手的防守策略。训练方法的综合性包括针对技术、战术和体能的训练方法，通过不同的训练方式，提高运动员在比赛中的综合素质和应对能力。

（二）多样性和变化性的体现

在篮球比赛中，运动员需要不断变换战术和策略，以应对对手的防守和进攻。这种多样性和变化性的体现，使篮球运动成为一项充满趣味和挑战的活动。

多样性和变化性体现在比赛的阵容和角色分配上。在篮球比赛中，每支球队有不同的阵容和运动员，每名运动员都有其擅长的技术。通过对运动员的合理选择和分工，球队能够充分发挥每名运动员的优势，实现技术和战术的最佳配合。例如，一支球队可能有专门的得分手、组织者和防守专家，他们在比赛中扮演不同的角色，相互协同合作，为球队取得胜利贡献力量。

多样性和变化性体现在篮球比赛中战术的多样化上。在比赛中，球队需要根据对手的防守和进攻方式灵活调整战术。例如，当对手采取紧密的防守时，球队可以选择快速传球等战术来打破对方的防线；而当对手采取区域性防守时，

球队可以选择外线投篮或内线突破等不同的进攻方式。通过灵活运用多种战术，球队能够在比赛中随机应变，迅速适应对手的变化，提高比赛的胜率。

多样性和变化性体现在篮球比赛中技术运用的多样性上。篮球比赛中有各种各样的技术动作，如投篮、传球、运球、抢篮板球等。运动员需要根据比赛的情况和对手的防守选择合适的技术进行运用。例如，当遇到对方紧逼防守时，运动员可以通过运球突破或变向晃动来突破对方的防守，为球队创造得分的机会；而在防守端，运动员也需要不断变换防守的方式，以限制对手得分。通过多样性和变化性的技术运用，球队能够更好地应对比赛中的各种挑战。

（三）训练方法的综合性

为了培养运动员全面的能力，篮球训练采用了多种多样的方法和技术手段，以确保运动员在各方面都能获得适当的发展。

针对技术训练，综合性的训练方法突出了技术与战术的结合。在训练中，教练会注重教授和强化运动员的基本技术动作，如投篮、运球、传球等。同时，他们也会强调这些技术动作在比赛中的运用和变化，以及如何与战术相配合。通过这种综合性的训练方法，运动员能够更好地理解和运用技术，同时能够更好地适应比赛环境。

要实现综合性的训练，教练还需要灵活运用不同的训练手段和方法。他们会根据运动员的特点和需求，采用力量训练、灵敏度训练、耐力训练等不同的训练形式。通过综合性的训练，运动员能够全面提升身体各方面的素质，提高竞技水平。

三、篮球运动的对抗性特点

（一）篮球比赛的竞争性

在篮球比赛中，两支队伍通过比拼技巧、策略和团队合作来争夺胜利。这种竞争性不仅仅体现在比分上，更体现在运动员之间的对抗和较量上。

篮球比赛的竞争性体现在运动员之间的技术对抗上。在比赛中，运动员需要通过运球、传球、投篮等技术动作来与对方运动员对抗。他们要运用自己的技术优势，与对手展开激烈的技术较量，争夺得分机会。这种技术对抗需要运动员具备高超的技术水平、敏捷的反应能力和良好的身体素质。

比赛中的战术对抗是篮球比赛竞争性的重要体现。在篮球比赛中，战术的选择和运用对比赛结果有着决定性的影响。球队需要在比赛中灵活运用各种战术，如快攻、反击、内外配合等，针对对手的防守布置和进攻方式展开战术对抗。通过战术对抗，球队能够找到对手的破绽并寻找得分机会，从而获得竞争优势。

防守与进攻的对抗是篮球比赛竞争性的重要组成部分。在篮球比赛中，防守和进攻是两支队伍之间长时间的对抗。防守方需要通过盯人、逼抢、封堵等方式牢牢守住自己的篮筐，而进攻方需要运用各种进攻手段突破对手的防线，寻找得分的机会。这种对抗不仅考验运动员的个人能力，更考验运动员之间的配合和默契度。

在激烈的比赛中，运动员需要面对来自对手的压力，有时甚至是嘲讽和威胁。他们需要在竞争中保持冷静、乐观和自信，以应对各种挫折和困难。心理对抗的胜利往往能够对比赛产生重大影响，帮助球队克服困难，并最终获得成功。

（二）对抗战术的运用

通过应用对抗战术，球队可以更好地控制比赛的进程，提升球队的整体实力和竞争力。对抗战术涵盖进攻和防守两个方面，每个方面都有不同的技术和战术手段。

在进攻方面，对抗战术可以帮助球队找到对手防守体系中的漏洞，从而有效突破对方的防线，创造得分机会。球队可以通过灵活运用篮球战术（如快攻、组织进攻和个人突破），打乱对方的防守体系，争取得分。对抗战术能够促进球队的默契合作，通过运动员之间的配合和传球，实现快速且高效的进攻。这种对抗战术的应用，可以提升球队的整体进攻能力，增强球队在比赛中的攻击力。

在防守方面，对抗战术可以帮助球队有效限制对手的进攻，保护自己的篮板，减少对方的得分机会。球队可以通过建立严密的防守体系（如纵向和横向的包夹、盖帽和断球），限制对方的传球和得分。同时，球队要掌握对手的战术特点和运动员个人技术情况，选择合适的防守策略，限制对方的进攻。通过灵活运用对抗战术，球队可以在防守端形成强大的压力，迫使对方犯错，增加对方的失误和失分，从而掌握比赛的主动权。

除了在技术层面上的运用，对抗战术还需要运动员具备心理上的对抗能力。在激烈的比赛中，运动员需要保持冷静和坚定的意志，不受对手的干扰。运动员需要有良好的团队精神和集体荣誉感，通过相互激励和支持，共同面对困难。通过心理对抗的训练和应用，运动员可以在比赛中保持稳定和自信的状态，从而增加球队胜利的机会。

（三）防守与进攻的对抗

在篮球比赛中，防守与进攻是两个不可分割的对抗性要素。防守是指球队在对方进攻时采取的针对性防守策略和动作，目的是限制对方进攻并争夺篮板球。进攻是指球队在攻击时通过传球、突破和投篮等方式，试图得分或制造得分机会。防守与进攻的对抗是篮球比赛中最激烈、最紧张的环节之一。

在进行防守时，运动员需要密切注视对方运动员的动向，灵活调整自己的防守位置，以最大限度地限制对方的得分机会。他们需要准确判断对方运动员的技术特点和意图，并采取相应的防守动作，如紧逼、盯人、封堵等。同时，运动员需要保持较快的反应速度和出色的身体素质，以便在对方进攻时能够迅速做出反应并出色地完成防守任务。

在进攻时，运动员需要通过默契配合、灵活突破和准确投篮等，突破对方的防守，制造得分机会。他们需要准确判断对方防守的强弱点和空隙，并迅速做出决策。例如，如果对方防守较强，运动员就需要通过传球来寻找更好的进攻机会；如果对方防守线存在空隙，运动员就可以选择突破或投篮来得分。在进攻过程中，运动员需要具备良好的篮球意识和团队意识，并能够及时调整战术，与队友进行配合，以迅速突破对方防线，取得进攻优势。

防守与进攻的对抗包括与对方运动员之间的个人对抗。在防守时，运动员需要与对方运动员进行对位防守，以尽可能地限制对方运动员得分。而在进攻时，运动员需要通过个人技术和速度优势，突破对方运动员的防守，创造得分机会。这种个人对抗的激烈程度常常决定了比赛的胜负，也是运动员个人能力的重要体现。

通过防守与进攻的对抗，球队可以提高作为一个整体的战术水平和团队合作能力。防守强度的提升可以限制对方得分，增加己方的进攻机会；而进攻技巧的提高可以在对方防守时保持优势，提高得分效率。此外，防守与进攻的对抗还能够考验运动员的心理素质和意志力，通过紧张的对抗，锻炼运动员的持久力和应变能力。

（四）心理对抗的重要性

作为一项对抗性极强的运动，篮球比赛不仅仅是身体上的对抗，更是心理上的较量。心理对抗不仅影响运动员个人的表现，还会对整支球队的战绩产生深远的影响。

心理对抗能够提高运动员的竞技状态。篮球比赛的高强度对抗往往伴随着激烈的竞争。在这种环境下，运动员需要不断调整自己的心态，保持冷静的状态。通过调节好自己的情绪和压力，运动员可以更好地应对比赛中的各种挑战，发挥自己的最佳水平。

心理对抗是解决危机和应对困境的关键。在比赛中，球队可能会遇到各种挫折，如比分落后、对手的强力防守、个人状态低迷等。这时候，球队成员需要有强大的心理素质来面对这些困境，并采取正确的心理调节策略。只有在心理上能够承受压力、保持积极乐观的态度，球队才能在困境中找到突破口，最终取得胜利。

心理对抗影响运动员之间的默契和合作。篮球是一项团队合作运动，每名运动员都需要与队友密切合作，共同完成比赛目标。心理对抗的存在需要运动员在协同作战过程中更好地理解队友的心理状态、意图和需求。通过心理对抗的较量，运动员可以提高对队友的信任感和配合度，从而增强球队的整体战斗力。

心理对抗有助于培养运动员的心理素质和意志品质。在竞技体育中，承受压力、保持镇定、抵御外界干扰是非常重要的素质。通过在篮球比赛中的心理对抗，运动员能够逐渐培养这些素质，提高自己的心理韧性和抗压能力。这对于运动员的个人发展和未来的职业生涯都具有重要的意义。

四、篮球运动的健身性与增智性特点

（一）健身价值的体现

篮球作为一项全身性的运动，具有显著的健身效果。在篮球运动中，运动员需要通过奔跑、跳跃、转身等动作，全面锻炼身体各个部位的力量、耐力和灵活性。这种全身性的运动能够有效提高心肺功能，增强肌肉力量和骨骼稳定性，从而达到健身效果。

在比赛中，高强度的奔跑、跳跃和迅速的转身变向等动作，需要运动员具备较高的氧耗能力。长时间的篮球运动锻炼，能够增加运动员体内氧气的摄取和利用，提高其肺部的肌肉活力和心脏的耐力，从而有效改善心肺功能。持续地运动能够降低人体内的脂肪含量，减轻体重，预防心血管疾病的发生。

篮球运动要求运动员在快速变换的比赛环境中做出准确、协调的动作反应。通过长期训练，运动员身体的协调能力能得到很大提高。在比赛中，他们能够迅速调整身体的姿势和动作，灵活地应对对手的进攻和防守。这种身体协调性的培养，不仅在篮球运动中对运动员起到重要作用，而且在日常生活中也对他们有所帮助。

在篮球比赛中，运动员需要准确判断比赛形势，做出合理的决策，以获得胜利。这要求运动员具备较高的分析能力、推理能力和决策能力。此外，篮球运动对于团队合作和沟通能力也提出了要求，运动员需要与队友紧密配合，进行有效的传球和策应。通过这些智力上的训练，可以不断提高运动员的智力水平，使其不仅能够在比赛中取得好的成绩，而且能够在学习和工作中做出更明智的选择。

（二）对身体协调性的培养

在篮球运动中，手、眼、脑的协同是提高身体协调性的重要途径。在比赛中，运球者需要通过手感判断球的位置和速度，通过眼睛观察队友和对手的位置，然后迅速做出反应。这种手、眼、脑的协同训练不仅可以培养球员的协调能力，而且可以提高他们的反应速度和对战局的洞察力。

篮球运动中的各种动作可以锻炼身体各部位的协调性。篮球比赛中常见的动作（如运球、投篮、传球、防守等）都需要身体各部位的协同配合。例如，在运球时，运球者需要将手、臂、腰、腿等身体部位动作协调一致地配合起来，使球能够顺利地在地面上弹跳并控制住球的方向。在投篮时，运动员上半身和下半身的动作应协调一致，保持身体的平衡和稳定，从而使投篮动作更加准确。通过这些动作的训练，能够提高运动员身体的协调性，使身体各部位能够更好地协同工作。

篮球运动注重运动员之间的配合和协作，能够进一步促进身体协调性的提高。在篮球比赛中，运动员之间的默契和协作是取得胜利的重要因素。例如，在进攻时，运动员之间需要通过传球和移动来创造空间和机会，这就要求他们的身体协调性得到全面的发展。只有运动员相互配合，并通过协调的身体动作来完成传球、接球、投篮等动作，才能有效地提升球队的整体竞技水平。

（三）智力提升的作用

1. 培养运动员的战略思维能力和决策能力

在篮球比赛中，运动员需要快速做出正确的判断，并且根据比赛的形势和对手的动态调整打球的策略。从个体到整个团队层面，运动员需要准确地分析比赛形势，并且迅速做出响应。这种对活跃思维和情商的培养，在一定程度上可以提高个体的思维敏捷性和抉择能力，使其能够应对更加复杂多变的情况。

2. 提高运动员在进行思考和决策时的专注力

在紧张的比赛中，忽略任何一个细节都可能导致比赛出现转折。因此，运动员必须时刻保持专注，并且对场上的各种信息进行高效的处理。通过长期的训练，篮球运动员能够形成敏锐的观察力和快速反应的能力，这有助于提升其大脑的觉察能力和注意力水平。这种专注力的培养，不仅对于篮球比赛有着重要的意义，而且对运动员在日常生活和学习中的表现有积极影响。

3. 增强运动员的协作与沟通能力，促进人际关系的建立和维护

篮球比赛是一项集体协作的运动，每名运动员都扮演着不同的角色，并且需要与其他运动员密切配合才能达到最佳效果。在这个过程中，运动员需要通过言语、目光和肢体语言等进行沟通，形成默契。通过与队友的合作和沟通，运动员不仅能够更加深入地了解队友的特点，还能够学会更好地与他人协调合作。这种合作与沟通能力的培养，对于发展个人的智力和学习能力至关重要，可以使运动员能够更加顺利地与他人进行交流，并且更好地解决问题。

第三节　篮球运动的规则

一、篮球场地与设施

（一）篮球场地的规格与要求

篮球是一种需要特定场地进行比赛的运动项目。在篮球比赛中，场地的规

格与要求是确保比赛公平、规范进行的重要因素。

篮球场地应具备标准的尺寸。根据国际篮球联合会的规定，标准篮球场地的长度应为28米，宽度应为15米。这种标准尺寸的场地能够提供足够的空间，让运动员充分发挥技术和运用战术。

篮球场地需要有合适的地面材质。一般来说，篮球场地的地面应该是坚固的、平坦的，以确保球的反弹力和运动员的稳定性。常见的地面材质包括木地板、合成材料等。这些材质能够使运动员在比赛中更好地掌握球的运动轨迹。

篮球场地需要设置合适的线条和标记。根据规则要求，场地上应有三分线、罚球线、中线等标记。这些线条的设置不仅能够帮助裁判准确判断得分情况，也能够让运动员更好地控制比赛的进程和进行战术部署。

除了以上规格要求，篮球场地还应保证相关人员的安全。例如，场地周围应设有牢固的围栏或护栏，以保护观众的安全。同时，场地的照明和通风设施也需要考虑，以提供良好的比赛环境。

(二) 篮球设施的设定与布局

设计合理的篮球设施可以为运动员提供安全、舒适和公正的比赛环境，同时能够提升比赛的质量和观赏性。

篮球设施中的一个关键要素是篮球场地的尺寸和规格。正式比赛的篮球场地应具备一定的标准尺寸，包括场地的长度、宽度、三分线位置及底线和边线。这些规格的设定是为了保证比赛的公平性和公正性，使运动员在比赛中拥有相同的竞技环境。

篮球设施包括球场内的各种辅助设施和装备。例如，篮球架、篮球板和篮球网等，都是必不可少的设备。篮球架的高度和位置应符合相关规定，保证投篮的合法性和公平性。同时，篮球板和篮球网的质量和稳定性也需要得到重视，以确保在比赛中进球后能够得到正确的判定并保持比赛的连续性。

对于篮球设施的布局，设计人员需要考虑好各种设施的位置和排布。例如，篮球场地的中央应设有一个中心圆，用于开球时运动员站位的确定。此外，底线和边线附近应该有足够的距离空出来，以供运动员在比赛过程中避免碰撞和保持安全距离。在球场的角落处，还可以放置一些备用球和饮用水等，以方便运动员在比赛中进行替补练习和补充水分。

（三）篮球设施的使用与维护

篮球设施的使用与维护涉及球场设备、比赛用球。下面对篮球设施的使用规范与维护方法进行详细介绍。

1. 球场设备的使用

篮球场的地板应保持干燥和清洁，以确保运动员在比赛过程中的稳定和防滑。在使用过程中，应注意不要随意洒水或抛撒其他杂物，以防止运动员滑倒或扭伤。在比赛过程中，要合理使用篮球架和篮球筐，遵守使用规范，禁止攀爬或滋扰比赛进程。定期检查和维护球场设备是确保其良好使用状态的重要一环。

2. 比赛用球的选取和使用

篮球比赛中，比赛用球应符合国际篮球联合会或本地联赛的规定，并经过专业机构的质量检测。在比赛前，裁判和运动员应检查比赛用球的充气状态，确保其符合比赛标准。比赛过程中，运动员要把握好比赛用球的手感和控制力，避免出现频繁滑球或球失控等情况。比赛用球的存放和保养也是必要的。保持比赛用球干燥和清洁有助于延长其使用寿命。

二、运动员与球队

（一）运动员的角色与职责

在篮球比赛中，运动员不仅要在场上奔跑和运球，还要承担防守、传球、得分等多项职责。每名运动员都有自己独特的角色和职责，以配合整个团队实现胜利。

1. 控球后卫

球队中的控球后卫在进攻端承担组织进攻、传球和制造得分机会的重要角色。他们负责运球并带领球队向前推进，同时观察场上的变化并做出决策。控球后卫需要具备出色的控球和传球能力，能够稳定地将球传递到最佳得分位置。他们还需要在防守端积极地干扰对方的进攻，阻止对方得分。

2. 得分后卫

得分后卫需要具备出色的得分能力和投篮技巧，能够在各种情况下创造得分机会。得分后卫通常会承担更多的得分责任，同时需要具备良好的篮板能力和传球意识。在进攻端，得分后卫不仅要投篮得分，还要为队友制造得分机会。

3. 小前锋和大前锋

小前锋和大前锋是球队中的全能选手。他们需要在进攻端和防守端都有出色的表现。他们的职责包括得分、篮板、传球和防守。小前锋通常是球队中的得分点之一，需要具备出色的得分能力和投篮技巧。大前锋则需要兼顾得分和篮板，同时能够在防守端保护篮筐和封堵对手的进攻。他们需要具备出色的传球能力，能够找到队友并创造得分机会。

4. 中锋

中锋是球队中的防守核心。他们需要在篮下保护篮筐，封堵对手的投篮，并争抢篮板。中锋需要具备出色的身体素质和防守技巧，能够带领球队进行防守。在进攻端，中锋也要参与得分，尤其是要把握在篮下接球得分的机会。

(二) 球队的构成与运作

一支篮球队通常由五名运动员组成，并且每名运动员都有特定的角色和职责。球队需要一名得分手，负责在比赛中贡献最多的得分。得分手通常拥有出色的投篮技巧和创造进攻机会的能力。球队需要一名组织者，负责组织球队的进攻、传球和创造机会给得分手。组织者通常具备出色的传球和组织能力，并且能够在比赛中保持冷静和清醒的头脑。球队需要一名防守专家，负责在比赛中限制对手得分。防守专家通常具备出色的防守技巧和体能素质，在比赛中能够有效阻止对手的进攻。除此之外，球队还需要一名内线运动员和一名外线运动员。内线运动员负责在篮下争抢篮板和防守对手的内线进攻，外线运动员则负责远投和外线得分。

一支球队的运作不仅仅依赖于个别运动员的表现，还取决于球队成员之间的默契和合作。在比赛中，运动员需要通过传球、移动和互相帮助来打破对方的防守并创造得分机会。球队成员需要相互支持、理解和信任，在关键时刻能够统一行动。

（三）球队的战术与策略

一个好的战术与策略能够帮助球队更好地组织进攻和防守，提高球队的成功率。在篮球比赛中，球队的战术与策略通常包括进攻战术、防守战术和变阵策略等。

好的进攻战术可以帮助球队有效地破解对方的防守并寻找到得分的机会。例如，快攻战术是一种常见的进攻战术，通过快速传球和快速推进球来打破对方的防守阵形，争取快速得分；挡拆战术通过运动员之间的挡拆配合，创造出好的进攻机会。

好的防守战术可以帮助球队限制对方的得分机会，提高球队的防守效率。例如，在运用区域防守战术时，球队会根据对方运动员的位置和动向，合理划分防守区域，以控制对方的进攻；在运用紧逼防守战术时，球队会通过密集的运动员防守压迫对方，限制对方的传球和得分机会。

变阵策略是指根据比赛的实际情况，灵活调整球队的战术和阵容。在比赛中，场上的情况经常发生变化，球队需要根据对手的变化进行相应的调整。例如，如果对方的内线运动员表现出色，球队可以采取双人防守或者三角防守等方式来限制对方得分。此外，如果球队在进攻端遇到困难，可以通过调整运动员的位置或者改变进攻战术来打破僵局。

三、比赛时间与流程

（一）比赛时间的规定与计算

篮球比赛分为四节，每节的时间限制根据比赛级别和规定略有不同，但通常为12分钟。比赛时钟在每节开始时启动，持续计时，直至该节结束。

为了确保比赛的公平性和准确性，比赛时间的计算一般采用计时器或电子记分牌进行。这些设备能够清晰地显示比赛的进行时间，并且具备自动暂停和恢复计时的功能。裁判可以通过操控计时器或电子记分牌来监控比赛的时间。

除了每节的固定时间以外，篮球比赛中还有一些其他因素需要考虑。例如，比赛中的暂停时间和加时赛。根据比赛的需要，当球队申请暂停时，裁判可以在适当的时候给予比赛双方适当的暂停时间来调整战术或休息。加时赛则是在比赛结束时出现无法决出胜负的情况，通过追加比赛时间来确定最终胜利者的比赛。

在比赛时间的规定与计算方面，裁判需要具备较强的时间管理能力，以确保比赛的公平性和顺利进行。裁判应准确地监控比赛时间，及时暂停或恢复计时，并在必要时进行适当的调整。

合理的时间安排和准确的时间计算，对于比赛的进行和结果的公正判定都有至关重要的作用。因此，裁判和相关工作人员应严格遵守比赛时间的规定，确保比赛的公正性和准确性。

（二）比赛流程的设计与实施

在比赛流程的设计中，需要考虑到各个环节之间的衔接和流畅性，并确保比赛的公平性和公正性。

在比赛开始之前，需要进行运动员名单的核对和篮球场地、设施的检查。裁判应当与双方运动员进行交流，明确比赛规则和注意事项，以确保双方运动员对比赛规则有清晰的了解。裁判应当检查比赛场地的标志和边线的合规性，确保比赛环境的安全和公平。

比赛正式开始，首先进行的是跳球。跳球是决定哪支球队先控球的方式，通常由双方中锋进行。中锋在裁判的控制下跳起争抢球权，双方运动员则根据规则进行有效的干扰。跳球结束后，控球权将交给先控球的球队，比赛正式进入进攻和防守阶段。

比赛中，双方运动员需要根据战术和比赛规则进行配合和对抗。进攻方运动员应当通过运球、传球、投篮等方式寻找得分机会，同时需要注意对方的防守，并采取相应的应对措施。防守方运动员则需要密切关注对方的动作和传球线路，采取适当的防守策略，争夺篮板球和封堵对方的投篮。

在比赛进行中，裁判需要对比赛进行监督和控制，确保比赛的秩序和公平。裁判会根据比赛规则判断违规行为，并做出相应的判罚，如罚球、犯规等。此外，如果比赛中出现异常情况（如运动员受伤、设备故障等），裁判应当及时中断比赛，并采取必要的处理措施，以确保运动员的安全和比赛的顺利进行。

当比赛时间到达规定的时间，比赛即将结束时，裁判需要根据比分判断比赛结果。通常情况下，得分更高的一方获得比赛的胜利，而在平局情况下，比赛需要通过额外时间或决胜得分的方式来决定胜负。

（三）比赛中的异常情况处理

当比赛中出现运动员受伤情况时，裁判应立即暂停比赛并及时给予伤员适当的医疗救助。裁判负责判断伤员伤势的严重程度，并决定是否需要将伤员换下场或暂停比赛。裁判需要与医疗人员和运动员保持良好的沟通，确保伤员得到妥善处理，并尽快恢复比赛。

当比赛中出现运动员违规行为时，裁判应根据篮球规则做出相应的判罚。裁判应在第一时间发现并判罚违规行为，以维护比赛的秩序和公平性。对于严重的违规行为，裁判有权采取进一步的处罚措施，如直接将运动员罚下场。

在比赛中可能发生球场设施故障的情况。例如，篮筐掉落、场地出现安全隐患等。在这种情况下，裁判应立即暂停比赛，并通知相关工作人员进行紧急修复或替换设施，确保球场设施完好，以保证运动员的安全和比赛的顺利进行。

篮球比赛中可能会出现其他一些非常规情况，如天气突变、场地不可用等。对于这些情况，裁判需要根据比赛规则和组织者的规定，做出合理的决策。例如，调整比赛时间、地点或采取其他措施，以确保比赛的进行和结果的公正。

在处理异常情况时，裁判应当始终保持公正和冷静的态度，按照比赛规则和章程进行处理，不偏袒任何一方。同时，与运动员、教练及组织者保持良好的沟通，协调各方利益，并且及时向相关人员解释和通报处理的结果。

四、比赛的时长与节数及得分与胜负判定

（一）比赛的时长与节数的规定

篮球比赛的时长与节数是为了确保比赛的公平性和高效性而进行规定的。根据国际篮球联合会的规定，职业篮球比赛通常分为四节，每节的比赛时间为12分钟。而在大学及高中的非职业比赛中，每节的比赛时间可能会有所减少，通常为10分钟。每场比赛之间有短暂的休息时间，称为中场休息。

比赛的时长和节数的规定主要是为了确保比赛的公平性，避免运动员过度疲劳对健康造成危害。此外，节数和比赛时长的规定也有助于提高比赛的观赏性和娱乐性，使观众在有限的时间内能够充分感受到比赛的精彩和紧凑。

在比赛中，裁判会根据规则严格执行比赛时长和节数的规定，确保比赛公平进行。裁判会在每节结束时宣布比分情况，并确保比分的准确性。此外，裁判还会根据比赛的胜负情况，最终判定比赛的胜负并进行公示。

（二）得分的计算与记录

篮球比赛中，得分计算是根据投篮的位置和方式来决定的。根据篮球规则，

如果运动员在三分线之外投篮命中，将被计3分；在三分线内投篮命中，将被计2分。如果运动员在罚球线上得分，每次罚球投进篮筐将被计1分。

得分的记录方式是通过电子记分牌或计分程序来完成的。在现代篮球比赛中，通常会有专门的计分员负责记录得分。计分员会根据运动员成功投篮的位置和方式，及时将对应的得分加到相应队伍的总分上。在比赛进行过程中，得分的记录也会被实时展示在电子屏幕上或通过广播进行公示，以方便观众和比赛参与者了解双方的得分情况。

得分记录的准确性对于比赛结果的判定具有重要意义。所以，在篮球比赛中，计分员需要保持高度的专注和准确性，确保每一次得分都被正确地计算和记录。

在篮球比赛中，得分的计算与记录方式是确保比赛公平的重要环节。通过准确地记录得分，裁判和观众能够清楚地了解比赛的进展和双方队伍的实力对比。得分的计算与记录也可以为教练和运动员提供有关比赛策略和技战术调整的重要参考依据。

（三）胜负的判定与公示

为了确保比赛结果的公正性和准确性，篮球比赛采用了一系列的规则和程序来判定胜负。

篮球比赛胜负的判定基于得分。在比赛进行过程中，两支球队互相竞争，通过投篮和得分来争夺胜利。根据规定，每个得分都会被记录下来并计入最终的比分。当比赛时间到达规定的结束时间时，获得最高分数的球队将被判定为胜者，反之为败者。

在比赛到达规定时间时，可能会出现平局的情况。当两支球队的得分达到平局时，根据比赛规则，通常会有特定的规定和程序来打破平局。一种常见的方式是进行加时赛，即延长比赛时间，让球队有更多机会争夺胜利。加时赛通常分为多个回合，每个回合的时间一般较短，如5分钟左右。在加时赛中，两支球队会继续竞争，直到某支球队在加时赛中得分超过对手，最终获得胜利。

在比赛结束后，有关胜负的信息需要及时公示，以保证比赛结果的透明和公正。通常，在比赛结束后，裁判会公布最终比分及胜者的信息。这一公示环节不仅向参赛队伍和现场观众传递胜负的信息，也为相关方面提供评价和分析比赛的依据。

第二章 高校篮球运动的基本技术

第一节 篮球运球技术

一、篮球运球的作用

（一）篮球运球的基本意义

篮球运球是篮球比赛中掌握球权的基本手段。只有通过运球，运动员才能将球带到理想的位置，为球队创造得分机会。同时，运球还能帮助运动员在比赛中迅速变向、突破对手，从而实现突破防守、应对防守的目标。

篮球运球可以提高运动员的技术能力。通过运球，运动员可以掌握正确的手臂动作，完善运球的基本技巧，如控制力、灵活性和准确性等。这些技能的提高不仅能够使运动员更加熟练地掌握篮球基本技术，还能够提高运动员的整体技术水平，为球队的胜利做出更多的贡献。

篮球运球有助于培养运动员的个人品质和团队意识。运球需要运动员在比赛中具备耐心、毅力和自信等品质，同时需要运动员与队友有默契的配合。在团队合作中，运动员需要通过传球、接球等方式与队友相互配合，实现共同的战术目标。因此，篮球运球不仅仅是一项个人技术训练，更是培养运动员团队精神和合作能力的重要手段。

篮球运球有利于运动员的健康发展。运球需要运动员在比赛中不断移动、变换方向和速度，从而增强运动员的身体灵活性、协调性和平衡能力。此外，运球还能够培养运动员的反应能力和意识，并提高运动员在比赛中的敏捷性和速度。这些身体素质的提高不仅有利于运动员在篮球场上的表现，还能对运动员的身体健康起到积极的促进作用。

（二）篮球运球对比赛的影响

运球技术的熟练程度不仅关系到运动员的个人能力，还直接影响着比赛的发展和结果。

篮球运球对整个比赛的发展和结果有着深远的影响。通过巧妙运用运球技术，球队可以有效地发起进攻，打破对方的防守体系，创造得分机会。在比赛的进攻端，运球可以帮助运动员迅速推进球队的进攻节奏，打乱对手的布防并创造快攻机会；在防守端，运球可以帮助运动员更好地进行盯人防守和截断对手的传球线路，从而有效地限制对方的进攻。运球技术的高超与否直接决定了球队能否保持一定的比赛节奏，掌控比赛的主动权，进而影响比赛的胜负。

运球与其他篮球技巧之间存在着密切的关联。运球是连接各项篮球技能的纽带，只有掌握了基本的运球技术，运动员才能更好地进行投篮、传球、突破等其他技术动作。运球的正常进行需要配合眼睛的转动、身体的协调运动及对手防守的意识，这些因素都会直接影响其他技术的发挥效果。因此，在训练和比赛中，要注重将运球与其他篮球技巧相互融合，形成良好的技术衔接，提升整体的篮球水平。

二、篮球运球的基本姿势

（一）标准运球姿势

在篮球运动中，采用正确的姿势进行运球，不仅可以提高运动员的控球能力，还可以降低错误传球和失误的概率。下面介绍篮球运球的标准姿势及其重要性。

标准运球姿势要求运动员将双脚稍微分开，与肩同宽，脚尖微微向外转。这样的姿势可以让运动员保持身体平衡，并且使运动员在运球时更加稳定。稳定的姿势有助于运动员在面对对方防守运动员时保持冷静，并且能够做出更准确的决策。

运动员的身体应稍微向前倾斜，保持身体的低姿态。这样做的好处是可以降低重心，使运动员更加稳定地掌控球权。低姿态也有助于运动员进行快速变向和突破，对于攻破对方防守运动员的封堵有积极作用。

运动员在运球时，应保持上半身放松。肩膀和手臂应自然下垂，轻松地挥动。过度用力或僵硬的手臂动作会影响运球的流畅性。因此，保持上半身放松是良好运球姿势的关键。

一旦运动员掌握了标准运球姿势，并能够在比赛中灵活运用，他们将更有信心和能力在比赛中展现出自己的技巧和才华。

在实际训练中，教练和运动员应着重培养并强调标准运球姿势的重要性。通过反复练习和模仿优秀运动员的姿势，可以逐渐养成正确的运球习惯，从而提高运球水平和比赛表现。

（二）姿势变化的影响

不同的姿势可以带来不同的运球效果，并在比赛中发挥不同的作用。下面介绍姿势变化对篮球运球的影响。

姿势的变化可以改变运动员的重心位置。在运球过程中，运动员的重心位置直接影响着运球的稳定性和灵活性。通过调整姿势（如弯曲膝盖、低下身体等），运动员可以降低重心，增加身体的稳定性，从而更加灵活地运球。这样，运动员可以更好地应对对手的防守压力，保持稳定的控球状态。

姿势的变化可以影响运动员的视野和观察能力。不同的姿势可以改变运动员的视角和视线的范围，使运动员能够更好地观察场上的局势和队友的位置。例如，当运动员弯曲腰背、低头运球时，可以更清晰地观察球和自己的运球动作，减少失误。而当运动员抬头挺胸、放松肩膀时，可以开阔视野，更好地观察对手的位置和动作，以便做出合适的运球决策。

姿势的变化可以影响运动员的速度和瞬间爆发力。通过调整膝盖的弯曲程度，可以调节身体的重心和运球时的推进力度，从而影响运动员的加速度和速度。例如，当运动员处于半蹲状态时，可以更好地利用腿部的力量，产生更强的爆发力，从而更快地突破防守、抢断球或完成快攻。

姿势的变化可以对运动员的协调性和稳定性造成影响。通过调整身体的姿态和关节的运动范围，可以提高运动员的协调性和运球的稳定性。例如，当运动员运球时，将身体保持平衡，肩膀放松下沉，臀部稍微后倾，可以保持运球的稳定性，减少失误。

（三）运球姿势的改进与优化

1. 调整身体的重心

在运球时，将身体的重心放低，能够更好地控制球的位置，并增强对抗防守的能力。在运球过程中，运动员可以略微弯曲双腿，将身体重心放在脚掌的前部，以增强身体的稳定性和控球的灵活性。

2. 手臂的动作

运动员可以利用臂腕的柔韧性，将手腕稍微向内弯曲，以加强对球的掌控。通过适当地翻转手腕角度，可以更好地保护球，减少失误和被抢断行为的发生。另外，保持上臂与下臂之间的适当张角，可以增强手腕的灵活性和对球的控制力。

3. 身体稳定性和灵活性的平衡

在运球时，运动员应保持身体的稳定性，但也要有适当的灵活性，以便随时做出变向运球、突破或传球的动作。为了达到这个目标，运动员可以稍微分开双腿，保持髋部和膝盖的弯曲状态，这样可以在保持稳定性的同时增强身体的机动性和灵活性。

运球姿势的优化和改进需要根据个人的特点来调整。每名运动员的身体条件和技术水平都有所不同，因此，运用不同的姿势和动作来适应自己的特点是非常重要的。例如，一些运动员可能更善于运用低身位运球，而另一些运动员可能更擅长运用高身位运球。总之，通过不断实践和尝试，运动员可以找到适合自己的运球姿势，并进行相应的改进和优化。

三、篮球运球的手臂动作

（一）手臂动作的基本要求

良好的手臂动作可以帮助运动员更好地控制球的方向和速度，从而提高运球的效果。下面介绍运球时手臂动作的基本要求，帮助运动员正确地进行篮球运球。

手臂应保持放松而有力，以便更好地控制球。手臂的肘关节应略微弯曲，以保持灵活性。太过僵硬的手臂动作会限制运球的自由度，影响运球的效果。手掌应轻轻握住球，确保稳定性但不过分用力。

手臂的运动应与身体协调一致。当一只手臂向前运动时，另一只手臂应稍微向后摆动，以保持身体平衡和稳定。这种协调的手臂动作可以减少运动员因不稳定动作而导致的错误运球。

手臂的摆动应保持适度。过大的手臂摆动幅度会消耗过多的体力，并且容易引发运球失误；相反，如果手臂摆动幅度过小，则可能无法产生足够的力量来控制球的运动。因此，手臂的摆动应保持适度和平衡，既要满足运球所需的力量，又要减少能量浪费。

手臂动作应配合眼睛的注视方向。当运动员运球时，眼睛应始终注视着球，以保持对球的掌控。手臂动作应与眼睛的注视方向协调一致，以确保对周围环境的观察和反应。

（二）动作细节和技巧

在篮球运球中，正确的手臂动作可以帮助运动员更好地控制篮球，提高运球的效果和质量。以下是动作细节和技巧的详细介绍。

手臂的力度和节奏需要配合运球的速度和频率。在低速运球时，手臂的力度应相对较轻，以保证篮球在手掌间的掌控；而在高速运球时，手臂的力度应适度增加，以保持运球的稳定性和控制性。手臂的节奏应与运球的频率相协调，以确保运球的连续性和流畅性。

当运球时，手臂应轻轻抬起，以将篮球带离地面，同时保持手臂的放松状态。当运动员需要将篮球带到较高位置时，手臂可以稍稍抬高；而当运球需要向下带球时，手臂应稍稍放低，使篮球接近地面。这样的动作可以提高运球的控制性和变化性，增加运动员的灵活性和可操作性。

手臂的姿势和动作也会影响运球的速度和幅度。当手臂迅速伸展时，运球速度会相应增加；而当手臂稍微弯曲并抓紧篮球时，运球速度会减缓。运动员可以根据比赛情况和对手的防守来调整手臂的动作和姿势，以获取更好的运球效果。

为了提高手臂动作的掌控性和灵活性，运动员可以进行一些特定的训练。例如，通过反复练习手臂的平衡和节奏感，可以提升手臂的协调性和精准性。另外，加强手臂的力量和爆发力训练，可以增强手臂的控球力和稳定性。同时，运动员还可以通过模拟比赛场景，结合手臂动作进行实战训练，提高在比赛中的应对能力和变化能力。

（三）动作对运球效果的影响

在进行运球动作时，手臂的姿势、角度和力度等因素都会对球的控制和保护起到重要作用。

手臂的姿势需要保持放松与自然。手臂应略微弯曲，肘部保持在身体的一侧，不过于张开也不过于贴近身体。手掌要与地面垂直，并与手臂保持一定角度，以便更好地控制球的滚动和方向。

在运球过程中，手臂的角度要始终保持稳定。过大的角度会使球距离手臂较远，导致控球不稳定；过小的角度则会限制运球的自由度和灵活性。合适的角度可以使手臂和球形成有效的配合，以保持球的稳定，并增加变向和突破的可能性。

手臂动作的力度是影响运球效果的重要因素。过大或过小的力度都会影响球的反弹，使球离手过快或过慢。因此，要求运动员在控制球的同时保持适当的力度，使球的反弹和自身的速度能够保持一定的平衡，以便更好地掌控球的位置和方向。

手臂的轻柔摆动可以保持球的平衡，并使运球更加流畅和自然。手臂的迅速运动可以加快球的速度，提高进攻和突破的效果。因此，在进行运球的同时，需要灵活运用手臂的动作，根据需要适时调整手臂的角度和力度，以及增减手臂的运动速度，以实现更好的运球效果。

四、篮球运球的控球方法

(一) 控球方法的基本理论

控球直接关系到运动员的传球能力、突破能力及进攻效果。在控球方法的基本理论中，有以下几个关键的要素需要注意。

在控球过程中，运动员需要保持身体的平衡。身体的平衡对于稳定地控制篮球非常重要。运动员应将重心放在脚底，保持双脚稳定，并略微弯曲膝盖，以便更好地调整身体姿势。

运动员应将手臂放松，并将手指略微弯曲，以便更好地控制篮球。另外，手掌应更多地接触篮球，并通过手腕的运动进行控制，而不是过度依赖手臂的力量。

运动员在控球时应时刻保持视线向前，以便更好地观察队友和对手的动作，并做出相应的反应。在控球过程中，应时刻关注团队战术变化。

控球方法的基本理论包括运球的节奏和速度的掌控。运动员需要根据场上的情况灵活控制运球的节奏和速度。有时需要加快运球速度，以便快速突破或传球；有时需要放慢节奏，以便更好地组织进攻。

控球方法的基本理论包括与队友的配合。在篮球比赛中，运动员不仅需要独自控球，还需要与队友进行默契的配合。通过与队友的传球和接球，运动员可以更好地完成进攻和突破。

（二）不同场景下的控球方法

在篮球比赛中，不同的场景和比赛情况对于运动员的控球能力提出了不同的要求。运动员掌握不同场景下的控球方法，可以在比赛中更加灵活自如地操控球权，提高球队的进攻效率和比赛胜率。

对于全场比赛，运动员需要面对各种不同的防守压力和动作干扰。在这种情况下，运动员应保持高度的警觉性和敏捷性，采用紧密的控球动作来对抗对手的防守。比如，利用手掌和手指的力量对球进行紧握，同时运用脚步和身体的移动来保持对抗防守运动员的平衡。此外，运动员还可以通过变换手的位置、频繁地进行过肩和背后的运球动作，使对手难以抢断球权。

当面对半场的压迫性防守时，运动员需要具备突破传球和持球等多种能力。在这种情况下，运动员应该采用更加灵活多变的控球动作来调整自己的进攻策略。例如，利用过人技巧，通过变速突破或者变向突破来摆脱对手的防守。另外，当面对双人夹防时，运动员可以采用盘球或者运用交叉运球的技巧来开辟出传球的空间。

对于在快攻和反击中控球的场景，运动员需要具备快速决策和精准控球的能力。在这种情况下，运动员应注重对跑动节奏的控制，并熟练掌握快速运球的技巧。例如，在快攻中，运动员可以运用大步跑和交叉运球的方式，在打开对手防守的同时快速推进球队进攻；在反击的情况下，运动员可以利用断球后的短暂时机进行快速运球和远投等来扩大比分的优势。

第二节 篮球传球技术

一、篮球传球的作用

（一）提高比赛效率

通过传球，球队可以更快地将球送至最佳投篮位置，从而增加得分机会。

传球能够迅速改变球的位置，打乱对手的防守布局，创造出对手防守疲劳的空当，并有效地减少个人持球时间，降低被对手抢断的风险。

要提高比赛效率，传球者需要具备准确的传球技巧和良好的传球意识。传球者需要选择合适的传球目标，并准确地判断目标位置和对手位置的关系。在传球过程中，传球者需要掌握合适的力量和角度，以确保传球的准确度和稳定性。通过不断练习，传球者可以不断提高传球技术的熟练程度，使传球更加精准、高效。

（二）建立团队合作

在篮球比赛中，无论进攻还是防守，都需要运动员之间默契合作。传球是团队合作的核心环节，不仅能促进球队成员之间的相互配合，而且能增强球队的整体实力。

通过传球来建立团队合作可以增强球队的整体实力。篮球是一项集体运动，只有运动员之间的紧密配合才能取得胜利。传球不仅要求传球者准确传递球权，还需要接球者能够及时、恰当地接球并做出进一步的决策。运动员在传球过程中需要不断地交流——配合默契才能实现最佳效果。通过频繁的传球训练，能够提升球队成员的团队意识和团队协作能力，加强运动员之间的互信。这样，球队在比赛中的整体配合能力将得到有效提升，进攻和防守的衔接将更加流畅，球队的整体实力也会得到有效增强。

（三）提升个人技术

通过运用不同的传球方法，运动员可以提高自己的传球准确度和速度。例如，采用快速传球的方法，可以迅速将球传给队友，有效地提高传球的速度。采用准确传球的方法，可以保证传球的准确性，减少传球失误。在日常训练中，运动员可以通过练习不同的传球技巧（如直传、抛传等），不断提高自己的传球水平。

篮球传球能够帮助运动员增强个人的空间感知和判断能力。在比赛中，运动员需要不断观察场上的队友和对手的位置，并做出正确的判断和决策。通过传球训练，运动员可以提高自己的空间意识，更好地感知队友的位置，找到最合适的传球机会。通过分辨对手的防守位置和动作，运动员可以避免被对手拦截传球，进而提高自己的传球成功率。

篮球传球有助于运动员技术综合能力的提升。通过不断练习传球，运动员可以培养自己的手眼协调能力，提高手部的灵活性和敏捷性。在传球过程中，运动员需要准确控制力度和方向，这就要求运动员有较高的手部控制能力。通过长时间的传球练习，运动员可以逐渐提高自己的技术综合能力，以便在比赛中能够更加灵活自如地运用各种传球技巧。

二、篮球传球的基本姿势

（一）胸前传球姿势

胸前传球姿势在比赛中常见且实用。胸前传球姿势可以提高传球的速度、准确性和稳定性，使球的传递更加迅捷和有效。

1. 传球姿势正确

站在场上，双脚脚距与肩同宽，身体保持平衡。双手自然下垂，手肘微屈，略微靠近身体两侧。这个姿势可以帮助运动员保持稳定，降低被对方阻挡的可能性。

2. 注意传球的视线

传球时，要保持头部和眼球朝向前方，并将目光集中在接球对象的位置上。这样可以提前判断接球对象的位置和移动方向，从而更准确地传球。

3. 手臂动作非常重要

传球时，两手应当把球紧紧地掌握住，用力抓住篮球的两侧。手指稍微分开，略微弯曲。掌心略微朝上，这样有助于球的稳定和对球的控制。同时，手臂应当向前伸直，然后迅速用力向前推出球。推球的力量应当均匀，并确保推球的出手点与目标位置保持一致。

4. 肩膀要配合传球动作

肩膀要保持放松，为传球提供更加流畅的动作。在传球过程中，要注意保持身体的稳定性，不要晃动或者转向。身体的稳定性对于传球的准确性非常重要。

（二）侧身传球姿势

与胸前传球姿势相比，侧身传球姿势更适合在局限空间内进行传球，或者在面对对手紧密防守时进行快速传球。下面介绍侧身传球姿势的基本要点和技巧。

在进行侧身传球时，要注意身体的站立姿势。站立时，两脚略分开，保持身体的平衡。重心应稍微偏向传球方向，这样才能更好地转移重心，有利于传球的稳定性和准确性。

身体稍微倾斜，姿势保持自然舒展。将传球手臂从身体的侧面伸出，并保持手臂和肩膀之间的关节形成一个适当的角度。这个角度取决于传球的力量和距离，需要根据实际情况进行调整。

在传球过程中，要注意手臂的运动。将传球手臂的肘部弯曲，手肘和手腕保持稳定，不要晃动。首先，用手臂的外侧部分掌握篮球；然后用手指尖轻轻推动球，控制传球的力量和方向。应适当调整手的位置，使手臂的舒适度和传球的稳定性达到最佳平衡。

在侧身传球时，要时刻将眼睛对准传球目标。通过准确观察球场上队友和对手的位置，可以更好地决定传球的方向和时机。眼睛的注视点要充分开放，不要局限于某个区域，这样才能捕捉到更多的传球机会和队友的位置变化。

在实际传球中，有很多技巧和细节需要掌握。例如，传球时，还可以利用身体的转动来增加传球的力量和速度。同时，要注意传球的节奏和配合，与队友的默契配合也是成功传球的重要因素。

（三）直接传球姿势

直接传球姿势适用于快速传球、瞬间传球或面对对手防守时的传球。在直接传球姿势中，运动员需要注意以下几个关键点。

第一，运动员应平稳地站在地面上，双脚与肩同宽，膝盖微屈，身体略微向前倾斜，以确保身体的平衡和稳定。保持良好的站姿对于传球的准确度和力度至关重要。

第二，运动员应保持手臂放松、自然的状态，并将球稳定地握在手掌和指尖之间。在传球时，手臂应以弧线的方式向前伸展，手腕应保持一定的力度，并在球离手时适时活动，以控制传球的力度和方向。注意：要保持手指的稳定性和灵活性，以确保传球的精准度。

第三，运动员应时刻保持头部和目光向前，并且将注意力集中在目标接球者身上。正确的视线使用可以让运动员更好地判断接球者的位置，掌握传球时机，并有效地传递运动员与球的视觉信息。

第四，强调团队合作和沟通。在直接传球姿势中，运动员需要与队友建立良好的默契和信任关系。通过及时沟通和合作，运动员能够更好地预判队友的跑位和动作，从而在传球时做出更为准确的决策。

三、篮球传球的手臂动作

（一）传球前的手臂准备姿势

手臂的准备姿势要能够提供稳定的支撑和灵活的动作，以保证传球的准确性和效果。下面介绍几种常用的传球前的手臂准备姿势。

运动员可以将传球手的手臂保持伸直，将手掌放在篮球的侧边。这种姿势将手臂绷直，有利于传球时的力量输出和对传球距离的控制。而且手掌与篮球的接触面积较大，能够增加传球的稳定性。

有些运动员选择将传球手的手臂弯曲成90°。这种姿势可以在传球前让运动员保持身体平衡，使运动员更容易调整传球的角度和力量。手臂弯曲的程度可以根据个人的喜好和传球的需要进行调整，但在保持姿势稳定的同时，要注意不要过度弯曲手臂，以免影响传球的准确性。

一些运动员在传球准备时会将非传球手的手臂伸直向前，用于保持身体的平衡和稳定。这种姿势可以有效地分散身体的重心，并为手臂的运动提供更好的支撑。同时，将非传球手的手臂伸直向前可以为传球手提供更好的视角和对传球路径的判断。

无论将手臂伸直还是弯曲，或是将非传球手的手臂伸直向前，关键是要保持稳定和放松的状态。只有在有效的手臂准备姿势下，才能更好地完成后续的传球动作，提高传球的准确性和效果。

（二）传球过程中的手臂动作

正确的手臂动作既能够保证传球的准确度和稳定性，也能够提高传球速度和效率。下面介绍传球过程中手臂的动作要领。

在传球过程中，手臂的动作应流畅而有力。首先，使用手腕和手指的力量将篮球推出。同时，将手臂迅速伸直，保持传球的稳定性。此时，手肘应保持固定，不要过度挥舞。手臂动作应该有一个自然而流畅的节奏，既要有力量，又不能过于僵硬。

在传球过程中，要注意一些手臂动作的误区和纠正：不要过度用力，要把握好力量的大小，以免传球时过度用力造成传球速度过快或传球不准确；手臂不要过度摆动，要保持动作的简洁和稳定；手臂动作要与身体协调配合，避免不必要的摆动。

（三）传球后的手臂动作

在完成传球动作后，合理的手臂动作可以帮助运动员保持平衡、稳定球的轨迹，并且为之后的动作做好准备。

传球后的手臂动作应包括回拉手臂和双手成扣。回拉手臂的目的是保持平衡和稳定，将手臂尽可能快速地恢复到原来的位置。在传球过程中，手臂会自然向前伸展，但在传球完成后，要迅速将手臂回拉，以减少身体的摆动，确保球的稳定性。双手成扣的动作可以帮助运动员更好地控制球，减少传球后滑球情况的发生。

传球后应注意对手部力度的控制。传球完成后，手臂应该保持稍微放松的状态，不要过度用力。过度用力会导致手部僵硬，从而影响传球后的稳定性和精准度。合适的手部力度可以在传球后保持球的稳定性，同时为之后的动作做好准备。

传球后的手臂动作应保持自然流畅。手臂动作应与传球动作相协调，并且要求手臂动作自然流畅，不呈现僵硬或抖动的状态。通过提前进行手臂肌肉的训练和练习，运动员可以更好地掌握传球后手臂动作的协调性和流畅性。

四、篮球传球的技巧

（一）传球的高级技巧

在篮球比赛中，掌握传球的高级技巧能够提高球队的进攻效率和战术多样性。下面介绍几种传球的高级技巧，帮助运动员在比赛中更加灵活自如地传球。

1. 盲传

盲传是指在没有看到目标接球者的情况下传球，通过直觉和熟练的空间感知将球传到合适的位置。盲传需要运动员具备敏锐的感知能力和快速的反应能力。在训练中，运动员可以通过闭上眼睛的方式来提高盲传的能力，以便在比赛中更好地适应复杂的局势。

2. 反身传球

反身传球是指运动员在面对追逐或者对方包夹的情况下，利用反向力量和身体的旋转来传球。这种传球方式可以帮助运动员快速摆脱对方的防守，同时将球传到合适的位置。在训练中，可以通过模拟对方包夹的情况，让运动员在压力下练习反身传球，提高传球的准确性和快速性。

3. 弹跳传球

弹跳传球是指运动员在进攻中利用空中弹跳的力量和身体的协调性将球传递给队友。通过弹跳传球，运动员可以更好地控制传球轨迹和速度，使接球者便于接球和继续进攻。在训练中，可以通过提高运动员的弹跳能力和协调性来提升弹跳传球的效果，同时要注重传球的准确性，避免因为力量过大或者失误导致传球失败。

4. 特殊角度传球

特殊角度传球是指运动员在比赛中能够通过独特的视角和投射技巧，将球传递到目标位置。例如，运动员可以利用特殊的传球角度，将球传入禁区内，给予队友得分机会。这种传球方式需要运动员具备较高的技术水平和判断力。这些技能可以通过在训练中的反复实践和模拟比赛情景来提高。

（二）传球技巧的实战运用

在篮球比赛中，传球不仅可以迅速传递运动员间的信息，还可以打破对方的防守，为进攻队伍创造出良好的得分机会。

在传球时，运动员应保持身体平衡，双脚分开，与肩同宽，身体微屈，准备随时传球。运动员还应保持上半身稳定，扭转腰部和臀部，以增加传球的力量和准确性。

　　根据比赛的实际情况，运动员需要选择合适的传球手臂动作来完成传球。常见的传球手臂动作包括直线传球、打地传球、斜线传球等。直线传球适用于较短距离的传球，运动员通过伸直手臂，以快速且直接的方式将球传到目标位置。打地传球适用于需要底线传球的情况，运动员稍微抬高球与地面接触的角度，以确保球的路径不会被对方抢断。斜线传球适用于需要跨越防守运动员的情况，运动员通过从一侧甩臂的方式，以高弧线将球传递到目标位置。

　　在实战中，运动员应灵活运用一些高级的传球技巧，如快速颠球传球、背后传球、挡拆传球等。快速颠球传球是一种快速而灵巧的传球方式，运动员利用颠球动作将球传递给队友，可以迷惑对方的防守。背后传球是一种具有欺骗性的传球方式，运动员通过将球从背后传递给队友，可以使防守方难以预判传球方向。挡拆传球则是在挡拆动作中完成传球，运动员可以利用挡拆的掩护来完成传球，并创造破坏对方防守的机会。

第三节　篮球投篮技术

一、篮球投篮的作用

(一) 投篮对比赛结果的影响

　　投篮得分是攻防转换的关键环节，一支球队在比赛中的投篮命中率往往决定着他们能否取得胜利。投篮对比赛结果的影响主要表现在以下几个方面。

　　投篮命中率的高低直接决定了一支球队的得分能力。一支具有出色投篮命中率的球队往往能够在比赛中积累更多的分数。他们能够利用投篮得分牵制对手的防守，并在比赛中取得领先优势。与此相对应的是，投篮命中率较低的球队往往难以在比赛中取得足够的得分，使得胜利变得困难。因此，提高投篮命中率是一支球队在比赛中获胜的关键因素之一。

　　投篮对比赛结果的影响体现在对手的防守策略上。对手在比赛中往往会针对对方球队的投篮能力和投篮命中率来调整他们的防守策略。如果一支球队的投篮命中率较高，对手很可能会采取更积极的防守策略来限制这支球队的投篮机会。这会给球队带来更多的防守压力，因而增加了比赛的难度。相反，如果一支球队的投篮命中率较低，对手可能会较为松懈地对待这支球队的投篮，从而给予这支球队更多的投篮机会。因此，投篮的准确度直接影响对手的防守选择，进而影响整场比赛的进程和结果。

投篮对比赛结果的影响体现在对比赛节奏的掌控上。投篮动作的准备和执行过程可以促使比赛进程的变化。一支球队若能够有效把握自己的投篮机会，经过战术设计，通过快速转换进攻或合理的配合，可以在比赛中取得投篮得分，进而掌握比赛的节奏。这种主动掌握比赛节奏的能力，不仅能够增加球队胜利的概率，还能够给对手造成心理上的压力，削弱对手的士气。因此，投篮作为掌控比赛节奏的重要一环，直接影响着比赛结果。

（二）投篮对个人技巧提升的作用

通过不断练习和磨砺投篮技巧，运动员可以有机会在比赛中展现自己的能力，并为球队贡献更多的得分。

1. 投篮训练可以提高运动员的准度和命中率

投篮动作的规范性及正确的姿势是决定投篮命中率的重要因素。通过反复练习投篮动作，逐渐形成肌肉记忆，运动员可以更准确地控制投篮的力度和角度，增加投篮的命中率。在比赛中，高准度的投篮意味着更高的得分效率，能够为球队争取更多的胜利。

2. 投篮训练可以提升运动员的心理素质

投篮是一项技术细节非常多的技能，需要运动员具备稳定的内心和自信的态度。通过不断练习和尝试，运动员可以逐渐掌握正确的投篮技巧，并增强自信心。在比赛中，自信心能够帮助运动员在关键时刻保持冷静与果断，完成关键的投篮，为球队带来胜利。

3. 投篮训练可以培养运动员的观察力和判断力

在比赛中，运动员需要时刻观察场上的形势变化，并迅速做出正确的决策。通过频繁的投篮训练，可以培养运动员对篮球路径的敏锐观察力，从而更好地判断合适的投篮时机和位置。这样，运动员在比赛中可以更快捷、更准确地做出决策，为球队创造得分机会。

4. 投篮训练可以提高运动员的反应速度和身体协调能力

投篮是一个需要运动员在有限的时间里快速做出反应的技术动作。通过不断练习，运动员可以提高手臂和腿部的协调能力，使投篮动作更加流畅且迅速。投篮训练可以提高运动员的专注力和反应速度，使他们在比赛中更好地抓住投篮机会。

（三）投篮对团队协作的推动作用

通过投篮练习和比赛中的合作，球队成员能够相互配合，提高球队整体的战斗力。

投篮训练能够提高球队成员之间的默契与配合度。在团队协作中，运动员需要选择合适的投篮时机，并准确传递球，以便给予队友最佳的出手机会。这就要求运动员之间具备良好的默契和配合能力，能够准确地预判队友的位置和动作，并及时做出反应。通过反复的投篮训练，运动员能够彼此信任，进而形成良好的团队协作关系。

投篮训练能培养球队成员的沟通和交流能力。在投篮训练过程中，运动员需要不断传递信息，如提醒队友的位置、防守方的弱点及如何调整进攻策略等。通过沟通，球队成员能够更好地理解和适应彼此，形成共同的认知和思维模式。这样，他们在比赛中能够更加高效地协作，迅速做出决策和应对。

投篮训练能培养球队成员的团结与拼搏精神。在训练和比赛中，球队成员会遇到各种困难，投篮的精确度需要持续的练习和不懈的努力。通过共同努力和共同进步，他们不仅能够提高自己的投篮技巧，而且能够树立共同的目标和价值观。这种团结与拼搏的精神将在比赛中发挥重要作用，激励球队成员不断超越自我，为团队取得胜利而不懈努力。

二、篮球投篮的基本姿势

（一）站姿的规范

在进行投篮动作之前，运动员应保持正确的站姿。

第一，站姿的重心应平衡且稳定。运动员应将双脚分开，与肩同宽，脚尖稍微向外或者朝向正前方。膝盖微微弯曲，保持身体平衡。同时，应保持上身直立，背部挺直，肩膀自然放松。这样的站姿可以提供稳定的基础，确保运动员在投篮时具备良好的平衡感。

第二，运动员需要注意臂部。投篮时，一只手臂要用于控制篮球的运动轨迹，另一只手则用于稳定篮球。这就要求运动员手臂保持自然放松状态，手掌用力握紧篮球，控制篮球的位置和方向。手臂的位置应在身体前方，保持弯曲姿势，这样可以提供更好的支撑和控制篮球的能力。

第三，运动员的头部要保持稳定且注视目标。在投篮过程中，运动员的头部应直视篮筐或者其他确定的目标点。头部的稳定可以帮助运动员保持专注和准确地瞄准目标。同时，注视目标也会影响运动员的投篮力度和方向。

（二）握球方式的要求

良好的握球方式可以帮助运动员更准确地投篮。以下是握球方式的要求。

1. 正确的握球方式始于双手

运动员要保持双手的协调和平衡。在握球时，双手应用力但不过分紧张，以确保灵活度和灵敏度。要注意手指的位置，将大拇指放在篮球正中央，另外四个手指紧密地包裹住篮球，以确保球的稳定性。

2. 握球时应注意手的位置

手的位置决定了对球的控制和投球的方向。握球时，手掌应放在篮球的侧面，不要让手指和手掌的肌肉遮挡视线。这样可以更好地感受篮球的质量和形状，以便更好地进行控球和控制力量传递。

3. 正确握球时要注意手腕的灵活性

在握球时，手腕应保持自然弯曲，避免僵硬地笔直。这样可以保持手腕的灵活性，使球的旋转更加均匀，投篮更为准确。

4. 握球时要注意身体的平衡和稳定

在握球时，身体应保持直立，双脚分开，与肩同宽，重心均匀分布在双脚上，确保身体平衡和稳定。这样，可以使运动员在投篮过程中更好地控制力量的传递和身体的稳定性，提高投篮的准确性和效果。

（三）投球动作的执行

只有掌握了正确的投球动作，才能提高投篮命中率，这对于篮球运动员来说至关重要。

正确的投球动作始于站姿的规范。运动员站立时，双脚应与肩同宽，身体前倾，保持平衡。膝盖稍微弯曲，目光集中在篮筐上。这样的站姿可以提供良好的出球点，帮助运动员更好地完成手臂的动作。

握持篮球时，指尖和手掌相结合，形成一个稳定的位置。运动员的手指要微微分开，以便增加对球的控制力和灵活性。要保持手臂放松，不要用力过猛，这样可以帮助运动员提高投篮的速度和精确度。

进行投球动作之前，需要提前做好准备。其中包括固定好站姿、合理握球，然后将球抬至投篮位置。运动员应保持身体平衡，将球从身体一侧抬至头顶以上，保持手臂上的力量。在球抬至头顶时，膝盖要逐渐弯曲，准备完成跳跃动作。

接下来是最关键的一步，即跳跃动作的执行。运动员需要在弹跳时利用脚的力量将球推向篮筐。同时，上肢要有一个自然的伸展动作，手臂保持直线，手肘稍微弯曲。运动员要专注于准星和目标，保持稳定的手腕力量和对投篮手指的控制。

在球离手的瞬间，即手脱离球的同时，运动员的手臂应自然而然地向前伸展。这是为了保持球的稳定性，并产生一个良好的拇指控制背旋效果。同时，身体要保持稳定，以充分提高投篮的力量和准确度。

在落地之前，运动员要保持姿势的稳定。这包括身体的平衡和控制的完成。身体要保持平直，胸部要抬起，以保持良好的姿势。运动员可以通过反弹动作来适应着陆的冲击，以降低落地时对投篮命中率的影响。

三、篮球投篮的手臂动作

（一）手臂位置的重要性

正确的手臂位置能够保证投篮的准确度和稳定性。投篮时，手臂应始终保持垂直于地面的姿势。这样可以保证篮球运动的轨迹是直线，并且有利于准确命中篮筐。如果手臂有一些偏斜或者不垂直，篮球的轨迹就会发生偏离，导致投篮不准确。

一般来说，手臂的位置应与肩膀保持一定的高度。过高的手臂位置可能导致投篮力量不够，球的抛出高度也不够，进而造成投篮偏差；过低的手臂位置则会使投篮时的力量过大，球的弹射速度过快，也容易导致篮筐反弹而无法进球。

投篮时，手臂应保持稳定。过于紧张或者抖动的手臂会影响投篮的精准度。可以通过训练来提高力量和控制能力，从而保证手臂在投篮过程中的稳定性。

（二）投篮手臂的运动轨迹

投篮手臂在起始位置应处于放松的、自然的状态。在投篮准备过程中，手臂需要从身体的一侧自然地伸展出来，与上半身保持一定的角度，同时保持手臂与身体的垂直关系。合适的起始位置能够为后续的手臂运动提供较强的动力和稳定性。

投篮手臂在向上运动过程中，需要保持流畅、连贯的轨迹。手臂的运动轨迹应该是向前和向上的，呈现出一个典型的抛物线形状。这样的运动轨迹有助于控制投篮的角度和弧度，提高投篮的准确性。同时，手臂的运动轨迹应该是一致的，确保每次投篮动作的重复性，并且能够准确地控制力度和速度。

在手臂达到最高点时，需要准确地锁定手腕和手指的位置，保持手臂的伸展和松弛状态。这样的动作能够最大限度地释放手臂的力量，提高投篮时的爆发力，并确保投篮的准确性。

在投篮过程中手臂的下降阶段，需要做平稳而流畅的动作。手臂的下降不应该是突然的，而是要自然地回到起始位置，为下一次投篮做好准备。同时，手臂下降的速度和力度也需要适当控制，以保持投篮的稳定性和准确性。

投篮时，手臂的运动轨迹对于投篮的准确度有着重要的影响。正确的手臂运动轨迹能够帮助运动员控制投篮的角度、弧度和力度，并最终提高投篮的准确性和稳定性。在训练中，运动员应重视手臂运动轨迹的训练，通过反复练习，使其成为一种自然而流畅的动作，进而提升自己的投篮技巧和效果。

（三）手臂力度的控制

手臂的力度决定了投篮的速度和力量，直接影响球的飞行轨迹和准确度。为了准确、稳定地投篮，运动员需要掌握正确的手臂力度控制技巧。

手臂力度的控制需要运动员关注手臂肌肉的收缩和放松。在投篮过程中，运动员需要适时收缩手臂肌肉，以提供足够的力量推动篮球。过度的肌肉收缩会导致手臂僵硬，降低投篮的灵活性和精确度。因此，运动员需要在保持适当的肌肉收缩的同时保持手臂的柔软和松弛。

手臂力度的控制需要运动员注意手臂的姿势和角度。正确的手臂姿势可以帮助运动员准确地控制力度。一般来说，手臂应与地面保持垂直，并与身体保持一定的距离，以确保投篮的稳定性和力量的传递。另外，手肘的弯曲程度也对手臂力度的控制起着重要作用。适当的手肘弯曲可以帮助运动员调整力度大小，使投篮更具有力量感。

手臂力度的控制需要运动员根据不同的投篮距离和投篮角度进行调整。在较远的投篮距离下，运动员需要施加更大的力量，以确保篮球能够到达篮筐；在较近的投篮距离下，则需要控制力度的大小，以避免篮球弹出篮筐。对于不同的投篮角度，运动员需要根据角度调整手臂的力度，以使篮球沿着所期望的轨迹飞行。

四、篮球投篮的方法与技巧

（一）投篮方法的选择

在选择投篮方法时，需要考虑以下几个因素。

1. 考虑自身的身体条件和特点

运动员的身高、臂展、力量等因素都会对投篮方法的选择产生影响。对于身材高大的运动员来说，通常可以选择更为直接的投篮方法，因为其臂展可以让他们在出手时更容易投中篮筐。而身材较矮小的运动员需要更加注重技术和节奏的配合，选择适合自己的投篮方法。

2. 考虑比赛的实际情况和对手的防守策略

不同的比赛环境和对手的防守方式，会给投篮方法的选择带来不同的挑战。

例如，如果对手采取了紧逼防守策略，运动员可能需要选择更为快速和灵活的投篮方法，以便能够在对手的干扰下完成投篮动作；如果对手的防守比较松散，运动员可以选择更为稳定和精准的投篮方法，以获得更高的命中率。

3. 考虑球队的战术要求和自己的角色定位

不同的球队战术会对投篮方法的选择产生影响。例如，一些球队注重内线进攻，运动员可能需要选择近距离出手和篮下投篮；而另一些球队注重外线进攻，运动员可能需要选择远距离出手和三分球。运动员的角色定位也会对投篮方法的选择产生影响。例如，一名得分后卫可能需要灵活选择投篮方法，以应对各种比赛情况；而一名控球后卫可能需要选择更为稳定和精准的投篮方法，以保证球队的进攻效率。

（二）投篮技巧的掌握

不同的投篮技巧可以决定运动员的投篮准确性和得分能力。下面介绍一些常用的投篮技巧，并探讨它们对投篮效果的影响。

1. 准备动作

在准备动作中，姿势的稳定性和手臂的位置是关键。运动员应采取稳定的站立姿势，身体稍微弯曲，保持平衡。同时，手臂伸直，手指并拢，用拇指带动球的旋转。

2. 投篮点的选择

在进行投篮点的选择时，应考虑运动员的位置和对手的防守。当面对激烈防守时，选择离篮筐较远的投篮点可以避免对手的干扰，提高投篮成功率。而在接近篮筐的位置时，可以选择更高的投篮点，以应对对手的封堵。

3. 视觉锁定

在投篮过程中，运动员应锁定目标，保持目光集中。这可以帮助运动员调整投篮的角度和力量，增加命中率。同时，通过反复训练和实践，运动员可以提高投篮的稳定性。

4. 节奏控制

在投篮之前，运动员需要找到适合自己的投篮节奏，并且能够控制好节奏的变化。通过对投篮节奏的选择和控制，不仅可以调整投篮的力度和角度，还可以干扰对手的防守，增加出手突然性，提高进攻效果。

5. 持续的训练和反复实践

通过反复尝试和修正，运动员能够渐渐熟悉每个技巧的细节，并逐渐提高投篮的准确性和稳定性。此外，观察和学习他人的投篮技巧也是非常有益的。运动员可以从他人的经验中汲取灵感，提高自己的投篮水平。

第三章　高校篮球运动训练的基础知识

第一节　高校篮球运动训练原则

一、自觉性原则

（一）自觉性原则的含义与重要性

自觉性原则是指在高校篮球运动训练中，运动员应主动、自觉地参与训练，始终保持积极主动的训练态度和行为。自觉性原则的重要性不容忽视，它直接影响着训练效果与个人成长。

自觉性原则是高效训练的基础。只有运动员具备自觉参与训练的意识，才能充分发挥自身潜力，有效实施训练计划。自觉性使运动员能够更好地理解教练的指导意图，理解训练目标和方法，更好地应用技术和战术，提高训练的针对性和专注度。

自觉性原则能促进团队凝聚力的形成。在篮球运动中，运动员要通过自觉性实现内外协调，主动与队友进行配合、沟通和合作。只有在训练中充分发挥自觉性，运动员才能更好地融入团队，形成默契的组织关系，共同为团队的胜利而努力。

自觉性原则有助于培养运动员的自律能力和责任感。篮球运动需要严格的纪律和规范，运动员必须严守训练计划、饮食要求和生活习惯等。这样，运动员才能自觉遵守训练规定，按时参加训练，保持身体素质和技术水平的稳步提升。此外，自觉性还能激发运动员的责任感，使他们积极承担起对团队和对自己的责任，不断进取，不断超越。

（二）自觉性原则在篮球运动训练中的要求

自觉性原则要求运动员在训练过程中具备自我约束和自我管理的能力，对于提高训练的效果与质量有着至关重要的作用。一名优秀的篮球运动员在训练中能够主动思考、积极参与训练，根据自身的情况和需求进行合理的调整。例如，在进行技术训练时，运动员应该明确自己的技术短板，并采取有针对性的训练方式，通过有意识地观察、反思和修正逐步提高自己的技术水平。

自觉性原则要求运动员具备自我激励和自我调节的能力。在篮球运动训练过程中，可能会面临各种困难，如长时间的高强度训练、不断的技术改进和反复的技战术演练。在这些困难面前，运动员需要有坚定的信念和积极的心态来面对和克服。例如，运动员可以通过设定个人目标、制订训练计划、寻求心理辅导等方式来保持自我激励，同时要根据自身的情况和实际需要，适时调整训练强度和节奏，以保持身心的平衡和健康。

二、积极性原则

（一）积极性原则的含义与重要性

积极性原则是指激发运动员内心的积极性，培养他们对训练和比赛的主动投入和积极态度。积极性原则在训练中有至关重要的作用，它是提高运动员训练效果和提升团队整体竞技水平的关键。

运动员的积极性表现为主动参与训练和比赛、积极争取机会、敢于面对挑战和克服困难等。实践中，可以通过激发运动员的积极性，使他们更好地投身于训练，全身心地投入每一个训练环节中。

当运动员在训练中保持积极主动的态度和高度的投入，能够更加专注、扎实地完成训练任务，从而提升技术水平和身体素质。

遵循积极性原则，可以增强团队的凝聚力和合作精神。当全队运动员在训练中都保持积极主动的态度时，他们能够更好地协同合作，提高整体的团队配合能力。遵循积极性原则，也可以培养运动员的自信心和自我激励能力。持续地积极参与训练和比赛，可以让运动员不断感受到自己的进步，进而增强自信心和自我激励的能力。

（二）积极性原则在篮球运动训练中的运用

1. 建立鲜明的目标激励机制

在篮球训练中，为了激发运动员的积极性，需要建立具有挑战性和激励性的目标。例如，可以设置每日投篮命中率的目标，要求运动员在训练中尽力提高自己的命中率。同时，可以设立季度最佳运动员的奖项，以及比赛胜利后的奖励制度。这些目标和奖励能够让运动员明确自己的努力目标，并为之努力奋斗。

2. 营造积极、活跃、有趣的训练氛围

在篮球运动训练中，为了增强积极性，可以运用一些有趣的训练方法和游戏形式，让运动员在轻松愉快的氛围中享受训练的乐趣。例如，可以设置障碍练习，让运动员在充满挑战的环境中展现自己的技巧和能力，不仅能增加训练的趣味性，还能激励运动员更好地参与训练。

3. 提供个性化、差异化的训练方案

为了提高运动员的积极性，应根据每个人的优势制定相应的训练方案。例如，对于技术突出的运动员，可以给予更多的挑战和自由发挥的空间，以激发他们的积极性。而对于技术相对较弱的运动员，可以采用分阶段、循序渐进的训练方法，逐步提高他们的技术水平，增强他们的自信心。

4. 定期进行积极性评估与反馈

在篮球运动训练中，可以设置定期的评估项目，对运动员的积极性进行量化评估，并及时给予正面的反馈和鼓励。同时，对于缺乏积极性的运动员，需要与他们进行沟通，找出问题所在，并提供有针对性的辅导，帮助他们克服困难，提高积极性。

三、合理安排运动负荷原则

(一) 合理安排运动负荷原则的含义与重要性

合理安排运动负荷原则是指在高校篮球运动训练中，根据运动员的具体情况，合理安排训练强度和训练量，以达到科学、有效训练的目的。这一原则在篮球运动训练中具有重要的意义。

在篮球运动训练中，合理安排运动负荷能够帮助运动员逐步适应训练的强度，从而提高训练效果。篮球是一项高强度的运动，训练时间过长或者训练强度过高会导致运动员疲劳过度，甚至可能引发运动损伤。因此，合理安排运动

负荷，遵循逐步递增原则，能够使运动员的身体逐渐适应训练负荷，提高其身体素质和技术水平。

合理安排运动负荷能够减少运动员的运动风险。没有合理安排运动负荷的训练容易出现训练过量的情况，这样不仅会增加运动员的伤病风险，还会对其心理状态产生不良影响。因此，科学地制订训练计划，合理控制训练的强度和负荷，可以有效降低运动员的运动风险，保障运动员的身体健康。

合理安排运动负荷有助于提高训练效率，达到更好的训练效果。科学安排训练强度和训练量，能够使运动员在短时间内获得更好的训练效果。合理的负荷安排，能够激发运动员训练动力，使他们积极投入训练中，从而提高训练的效率和质量。

（二）合理安排运动负荷原则在篮球运动训练中的运用

第一，可以通过制订科学的训练计划来合理安排运动负荷。例如，在球队的训练计划中，可以根据运动员身体状况、训练阶段的要求及比赛的时间进行合理分配。对于新加入的运动员，可以逐渐增加训练强度和训练时间，以帮助他们适应篮球运动的要求。在比赛前期，不仅要重点训练技术和战术，还要让运动员注意保持良好的身体状态，避免过度疲劳。

第二，根据不同位置的运动员和不同训练阶段的需求，可以合理划分训练内容和强度。例如，对于内线运动员，可以加强爆发力训练，提高他们在低位的支撑能力；而对于外线运动员，可以注重速度和敏捷性的培养，以及三分球的投篮技术训练。对于不同阶段的训练，可以根据团队的整体需求和个体运动员的特点，灵活调整训练强度和内容，以达到最佳的效果。

第三，在合理安排运动负荷上，需要注重运动员的个体差异。每名运动员在身体素质、技术水平、体力耐力等方面都有所差异，因此需要根据其特点合理分配负荷。一些技术过硬的运动员可以承受更高强度的训练，而体能较弱的运动员则需要适当降低强度，更多地进行基础性训练。通过个别对待的方式，能够更好地发挥每名运动员的优势，提高整个队伍的综合实力。

第四，安排运动负荷时要兼顾运动员的身体健康。过度训练和不合理的负荷分配可能导致运动员身体损伤和过度疲劳，从而影响训练效果和比赛状态。因此，需要通过合理的休息和恢复安排，保证运动员的身体能够得到充分的恢复。此外，定期进行体检和评估，及时发现并处理潜在的伤病情况，也是保障运动员身体健康的重要举措。

（三）运动负荷原则对运动员身体健康的影响

在篮球运动训练中，合理安排运动负荷可以保证运动员身体健康状况良好，提高其竞技水平和训练效果。

合理安排运动负荷可以避免运动员因过度训练而出现过度疲劳和身体疲惫。过度训练容易导致运动员肌肉、骨骼和神经系统过于消耗，引发各种运动损伤和疾病。通过合理安排运动负荷，可以避免运动员长时间处于过度负荷状态，保护他们的身体健康。

合理安排运动负荷可以促进运动员的恢复和调整。在高强度的篮球训练中，运动员的肌肉组织会出现疲劳和损伤，需要进行适当的休息和调整。合理安排运动负荷，可以让运动员在训练间隔期内有足够的时间进行恢复，提高身体的抵抗力和适应性。

合理安排运动负荷能够增强运动员的心肺功能和身体素质。在篮球训练中，适当的运动负荷可以提高运动员的耐力和爆发力，提高心肺功能，提高氧的供应能力和利用效率。通过不断适应和提升运动负荷，运动员的身体素质可以得到全面提升。

四、全队训练与个别对待原则

（一）全队训练与个别对待原则的含义与重要性

全队训练与个别对待原则是指在高校篮球运动训练中，对整支队伍进行统一训练，且注重对个体运动员的差异化训练，以实现整体水平的提高和个人能力的发展。这一原则的重要性在于能够更好地满足不同运动员的需求，提高整个团队的训练效果。

全队训练与个别对待原则有助于发挥每名运动员的潜力。在篮球运动中，运动员的身体条件、技术水平、心理素质等方面存在差异，因此单一的训练方式难以满足所有运动员的需求。通过个别对待，可以根据运动员的优势和不足，量身定制相应的训练计划和方法，使每名运动员都能够得到更加精细化、专业化的指导和培训。

全队训练与个别对待原则有助于提高整个团队的协作与配合能力。篮球运动是一项集体性很强的运动，每名运动员的技术和战术素养都会直接影响整个团队的表现。在全队训练的过程中，注重个别对待可以帮助运动员更好地理解彼此的优势，并在训练中相互配合，提升整个团队的协作能力和战术执行力。

全队训练与个别对待原则有助于提高运动员的自信心和自觉性。每名运动员都有自己的优秀之处，但也存在一些局限性。通过制订个别训练计划，对运动员进行有针对性的培训和引导，可以帮助他们逐渐克服困难，提高技术和心理素质，并增强其对自身能力的自信心。这能够激发运动员的积极性和自觉性，使他们在训练中更加主动地提出问题、接受挑战，从而更好地发展和成长。

（二）全队训练与个别对待原则在篮球运动训练中的运用

在高校篮球运动训练中，全队训练与个别对待原则的核心思想是在整体训练的基础上，针对不同运动员的特点和需求进行个别化的训练安排，以最大限度提高整个球队的水平。

1. 技术训练

不同运动员在篮球技术方面的天赋和能力存在差异，因此，在集体技术训练中应根据每个运动员的特点和需求，设立个别训练计划。比如，对于投篮能力较差的运动员，可以加强投篮训练，提高其准确性和稳定性；而对于速度较慢的运动员，可以进行爆发力训练，以增加其灵活性。通过这样的个别训练，每名运动员可以在技术方面得到更有针对性的提升，最终为增强整个球队的竞争力贡献力量。

2. 战术训练

在篮球比赛中，每名运动员都有不同的角色和位置，因此，需要根据运动员的特长进行个别训练，以提高整个队伍的战术执行能力。例如，对于得分后卫，可以增强其对抗性防守和组织进攻的能力，以提高球队的得分效率。对于中锋，可以强化其篮下进攻和抢篮板球的能力，以提高球队的内线控制力。通过在全队训练中融入个别对待的思想，可以更好地发掘和发展每名运动员的潜力，从而增强球队的整体竞争实力。

第二节　高校篮球运动训练方法

一、重复训练法

（一）重复训练法的理论基础

重复训练法基于重复练习的原理，通过反复进行相同或类似的练习动作，提高运动员的技能水平和运动感知能力。在这种训练中，运动员需要进行大量的重复练习，以达到反应迅速、动作准确、技术流畅的目标。

在理论基础方面，重复训练法借鉴了心理学中的反应学习理论。根据反应学习理论，重复练习可以帮助运动员形成稳定的运动反应模式，提高运动技能的传导效率。此外，重复练习还能够增强运动员的神经肌肉连接，提高肌肉控制能力，从而使技术动作更加规范和精确。

（二）重复训练法在高校篮球运动训练中的实践应用

在高校篮球运动训练中，重复训练法基于反复进行某项技能或动作的练习，旨在通过反复的训练来提高运动员的技术水平和动作的熟练程度。重复训练法的实施策略主要包括：设定明确的训练目标，合理安排训练内容和次数，提供及时的反馈和指导，不断调整训练难度。

训练目标的明确性能够帮助运动员更好地理解和掌握所要练习的技能或动作的要领。同时，设定明确的目标能够帮助教练更好地设计训练内容和制订训练计划。因此，在实践应用过程中，教练应当针对不同的技术要求和阶段性目标，制定相应的训练目标。

在合理安排训练内容和次数的基础上，能够更好地实施重复训练法。根据运动员的技术水平和训练需求，教练应当选择适当的训练内容并建立科学、有效的训练计划。例如，在篮球运动中，可以通过反复进行投篮、传球、运球等动作的练习来提高运动员的基本技能。在安排训练次数时，需要根据每名运动员的实际情况进行个体化的调整，以保证训练效果的最大化。

在实施重复训练法时，教练应当及时观察和分析运动员的动作，并提供有针对性的反馈和指导。通过及时纠正错误动作、提出改进建议，能够帮助运动员更快地纠正不足，加强对技术细节的训练，从而提高技术水平。同时，反馈和指导需要具备针对性和个性化，因为每名运动员的能力和学习方式都有所不同。

重复训练法要求教练在组织训练过程中不断调整训练难度。通过适时增加训练难度（如加大训练强度、增加技术要求或引入新的训练元素），可以促使运动员面对更具挑战性的情境，进一步提高技术能力和应对能力。同时，根据运动员的训练表现和进步情况，教练需要及时调整训练计划和方法，以达到更好的训练效果。

二、变换训练法

（一）变换训练法的实施策略

变换训练法是一种在高校篮球运动训练中被广泛应用的训练方法。它通过变化训练内容、节奏和环境来刺激运动员的感知系统，提高他们的适应能力和技战术应变能力。变换训练法的实施策略包括以下几个方面。

1. 训练内容的变化

训练内容的变化包括技术动作的多样性、训练场地的改变。例如，在技术动作的多样性方面，可以通过变换投篮的位置、角度和方式来增强运动员的技术应变能力。在训练场地的改变方面，可以利用不同的篮球场地或者对篮球场地进行适当改造，创造不同的训练环境，使运动员能够在不同的场地条件下进行适应性训练。

2. 节奏的变化

节奏的变化包括加快训练速度、延长训练时间、增加比赛强度等。通过加快训练速度，可以提高运动员的反应能力和协调性；通过延长训练时间，可以增强运动员的持久力和耐力；通过增加比赛强度，可以提高运动员在竞技比赛中的适应能力和应变能力。

3. 环境的变化

环境的变化包括训练场地的改造、气候条件的调整、训练道具的引入等。

通过改造训练场地，可以创造出更逼真的比赛环境，让运动员更好地适应比赛压力；通过调整气候条件，可以提高运动员对不同气候环境的适应能力；通过引入训练道具，可以增加训练的变化性和挑战性，激发运动员的潜能。

（二）变换训练法在高校篮球运动训练中的实践应用

变换训练法通过不断改变训练内容、方式、强度和环境，使运动员面对各种不同的情境和要求，从而提高他们的技战术适应能力和综合素质。

1. 变换训练法注重训练内容的多样性

传统的篮球训练往往固定在一些规定的技术动作和战术模式上，导致运动员在实际比赛中面对复杂的局势时无法灵活应对。而通过采用变换训练法，可以让运动员接触到更多样的技术动作和战术模式，培养他们的技战术适应能力和创新能力。

2. 变换训练法注重训练方式的多元化

传统的篮球训练往往采用重复的训练方式，导致运动员对于同样的动作和环境存在适应性，难以应对变化。而变换训练法通过改变训练方式（如交替使用实战训练、器械训练和体能训练等），可以使运动员在不同的训练环境中进行训练，提高他们的整体素质和应变能力。

3. 变换训练法注重训练强度的变化

传统的篮球训练往往以高强度、高负荷的训练为主，容易导致运动员出现疲劳和过度训练的问题。而采用变换训练法，可以通过合理安排训练强度（如间歇训练、爆发力训练、恢复性训练等），使运动员在不同的强度下进行训练，提高他们的耐力和爆发力。

4. 变换训练法注重训练环境的改变

传统的篮球训练往往在相同的场地、相同的条件下进行，导致运动员过于熟悉环境，无法适应比赛中的不确定性和变化性。而采用变换训练法，可以通过改变训练场地和训练工具等，模拟比赛的真实情境，使运动员适应各种不同的训练环境，提高他们的应变能力和心理素质。

三、间歇训练法与循环训练法

(一) 间歇训练法

间歇训练法主要是以身体机能的恢复与重建为核心，通过适当的间歇时间来调整训练强度，以达到提高运动员身体素质和技术水平的目的。

间歇训练法的原理基于身体机能的恢复与重建。在高强度的篮球运动中，运动员的身体机能会有一定的消耗。因此，设置适当的间歇时间可以让运动员充分休息，使体内代谢产物得到排泄，能量和肌肉耐力得到恢复，从而为下一轮训练做好准备。

实施间歇训练法时，需要考虑训练强度和间歇时间的配比。训练强度应根据运动员的个体差异和具体训练目标来确定——可以通过心率监测和运动员的主观感受来评估。间歇时间的长短应根据运动负荷和训练次数进行调整，以保证运动员能够在合适的间歇时间内充分恢复并达到最佳训练效果。

在间歇训练法的实施过程中，需要合理安排训练计划和教练指导。在制订训练计划时，应根据不同的训练阶段和目标来确定间歇训练的内容和频率。教练应根据运动员的表现和反馈及时进行调整，确保训练的科学性和有效性。

(二) 循环训练法

循环训练法的理论基础可以追溯到传统的体能训练理论，旨在通过合理的训练安排和循环的重复训练来提高运动员的身体素质和技术水平。

1. 循环训练法注重训练内容的多样性

在高校篮球运动训练中，教练会针对不同的阶段和目标，设计具有针对性的训练内容。例如，在训练前期，教练可以通过增加上肢力量训练、敏捷性训练等方式，提高运动员的基本素质；在训练后期，教练可以通过针对篮球技术的特别训练（如运球、投篮、传球等），来提高运动员的技术水平。

2. 循环训练法注重训练强度的递进

在高校篮球运动训练中，教练通过逐步增加训练的难度和强度来提高运动员的适应能力。例如，在训练初期，教练可以选择一些简单的训练项目（如基本的运球和传球练习），帮助运动员逐渐适应训练的强度；在训练后期，教练可以增加训练的复杂性（如进行配合训练和战术训练），提高运动员的应对能力和比赛能力。

3. 循环训练法注重训练的周期性安排

在高校篮球运动训练中，教练会根据运动员的实际情况和训练目标，制订训练的周期性计划。一般来说，教练会将训练的周期分为准备期、竞赛期和恢复期。在准备期，教练会注重提高运动员的身体素质和技术水平；在竞赛期，教练会注重提高运动员的竞技状态和比赛技巧；在恢复期，教练会注重运动员的身体恢复和休整，以保证他们在接下来的训练和比赛中能够有更好的表现。

四、比赛训练法与综合训练法

（一）比赛训练法

比赛训练法基于模拟实际比赛情境的理念，旨在提高运动员的比赛能力和应对复杂比赛环境的技巧。

比赛训练法的实施依赖于传统的运动学、运动生理学和认知心理学等学科的支持。运动学提供了比赛训练的动作规律和技巧要点的科学依据；运动生理学研究了运动过程中的能量代谢和身体适应机制，为比赛训练的强度和持续时间提供了科学依据；认知心理学则关注运动员在比赛中的决策、注意力控制、情绪调节等心理过程。这些学科的理论基础为比赛训练法的设计和实施提供了坚实的理论支持。

比赛训练法需要在训练中重点模拟、再现实际比赛的环境和情境。训练时，应尽可能模拟比赛中的各种局面和情景（如比赛开始阶段的紧张氛围、比赛中的快速反应和决策、比赛结束阶段的心理变化等），以帮助运动员更好地适应真实比赛的要求。比赛训练法强调团队配合和个体技术的综合训练，通过组织更多的对抗性训练和实战训练，培养运动员的协作意识、战术理解能力和技术应用能力。比赛训练法注重训练过程的变化，避免重复性的训练内容，以激发运动员的学习兴趣和动力。

比赛训练法的实施没有一成不变的标准方案，应根据不同的训练阶段和个体差异进行调整。在初级阶段，可以逐步引入对抗性训练和小组对抗，注重基本动作的技术规范和战术意识的培养；在中级阶段，增加比赛的复杂性和难度，注重战术应变能力和团队配合能力的提高；在高级阶段，增加对抗训练的强度，注重战术灵活性和高强度比赛的模拟。

（二）综合训练法

综合训练法通过结合多个训练要素和技术要求，使运动员能够综合运用各项技能参与比赛，并在实际场景中更好地发挥个人潜力和团队合作能力。

综合训练法注重培养运动员的综合素质。在训练中，不仅要注重篮球技术的训练，还要关注身体素质、心理素质及战术运用等。采用跨学科综合训练的方式，可以使运动员在各方面全面发展，提升整体实力。

综合训练法注重培养运动员的应变能力。在比赛中，往往需要根据对手的不同策略做出相应的应对，这就要求运动员具备快速的应变能力。综合训练法在日常训练中注重模拟比赛情景，让运动员在面对各种变化时能够迅速做出正确反应，提高比赛时的应对能力。

综合训练法注重培养运动员的归纳总结能力。通过不断地进行综合训练，运动员可以逐渐形成对比赛经验的总结和归纳，从而更好地进行自我反思和提升。这种积极的训练方式不仅能够增强运动员的自主学习能力，而且可以帮助他们更加深入地理解篮球运动的本质，提高自身的运动智慧。

通过实际的训练应用，可以帮助运动员在掌握基本技能的同时，更好地把握比赛的整体节奏和战术要求，提高比赛的表现水平。采用综合训练法，能够促进团队协作和共同进步，培养出更具团队精神和集体荣誉感的运动员。

第三节　高校篮球运动训练计划

一、高校篮球运动训练计划的制订

（一）训练目标的确定

训练目标的确定不仅影响整个训练计划的设计和实施，而且直接关系着运动员的发展和表现。在确定训练目标时，应考虑以下几个方面。

第一，需要明确训练目标的具体内容和要求。训练目标应与运动员的实际情况相结合，确保其具有可行性。例如，对于初级运动员而言，训练目标着重培养基本的篮球技术和身体素质；对于高级运动员而言，训练目标更加注重比赛技巧的提高和战术意识的培养。

第二，训练目标应与个体特点和发展阶段相匹配。不同运动员之间存在着身体素质、技术水平和心理素质等方面的差异，因此，在确定训练目标时，需要有针对性地考虑个体差异，并针对不同运动员制定相应的目标。由于运动员处于不同的发展阶段，因此对训练目标要进行相应的调整和安排，以满足不同阶段的发展需求。

第三，训练目标应符合整个团队的需求和战略定位。在高校篮球运动训练中，团队的合作意识至关重要。因此，在确定训练目标时，需要综合考虑整个团队的需求和战略定位，以确保训练目标的整体性和协调性。例如，如果团队的战略定位是强调外线投射，那么训练目标可以更加侧重外线技术的训练和提高。

第四，训练目标应是可量化和可评估的。训练目标的量化和评估可以帮助教练和运动员更好地了解训练进展和效果，并及时调整训练计划。例如，通过评估运动员在某项技术训练中的表现和成绩，可以判断训练目标的达成程度，并进行相应的调整和改进。

（二）训练方法的选择

1. 目标分析与需求评估

进行目标分析与需求评估的目的是了解运动员的特点、水平及所需提高的技术和能力。只有明确了运动员的目标和需求，才能有针对性地选择合适的训练方法。

2. 对个体差异和训练需求的考虑

在选择训练方法时，需要考虑运动员之间的个体差异和训练需求差异。每名运动员的身体素质、技术水平、心理素质等方面都存在着差异，因此需要根据不同运动员的实际情况，量身定制相应的训练方法。对于技术较强的运动员，可以选择更加复杂、高难度的训练方法，以提高其技术水平；而对于新手运动员，则需要选择更加简单、基础的训练方法，使其逐步掌握基本技能。

3. 综合运用不同训练方法

在制订高校篮球运动训练计划时，可以综合运用不同的训练方法。例如，可以采用循序渐进的方法，先从基础技术训练开始，再逐渐提高难度和强度，使运动员全面发展。同时，可以结合集体训练和个别训练，根据运动员的不同需求，给予相应的训练指导。

4. 建立反馈机制并进行调整

训练方法的选择只是一个起点，在高校篮球运动训练中，还需要建立反馈机制，并不断进行调整。通过观察和评估运动员的训练效果，了解训练方法的实际效果，并根据需要进行相应的调整和优化，可以确保训练方法的适应性和有效性，并提高训练效果。

（三）训练时间的安排

第一，考虑到运动员的日常课程和休息时间，应充分满足他们的身体和心理需求。由于运动员在高校有课程学习的压力，教练需要合理分配训练时间，避免与课程时间冲突，确保运动员能够顺利完成学业和训练任务。

第二，注重运动员的生物钟特征，合理安排他们的训练时间。人体在一天的不同时间段对于运动的适应能力存在差异。例如，早晨，身体的柔韧度较差，适合进行力量训练；下午和晚上则是身体机能处于高峰的时间段，适合进行耐力和技术训练。因此，可以根据运动训练的目标及内容，合理选择训练时间。

第三，考虑运动员的个人情况和特长。每名运动员的身体状况和训练需求都有所不同，因此，应该根据个体差异合理安排训练时间。例如，某些运动员在早晨状态较好，他们可以选择早上进行训练，而另一些运动员可能更适合晚上进行训练。教练应当根据运动员的个人特点，制定个性化的训练时间表，充分发挥他们的潜力。

第四，考虑每次训练的时长和间隔时间。训练时长要根据具体的训练内容和目标适度安排，避免过度训练引发体力和精力消耗过大。同时，对训练间隔时间要有合理的安排，以使运动员有足够的时间恢复和调整，避免过度疲劳和运动损伤。

（四）训练内容的安排

科学、合理地安排训练内容，可以有效提高运动员的综合能力，进一步推动整个训练计划的顺利执行。

教练应根据训练目标来确定训练内容。在确定训练目标的基础上，需要结合运动员的实际情况，对其各项技术和体能进行全面的评估。根据评估结果，有针对性地安排相应的训练内容，以弥补运动员的不足之处，提高其整体竞技水平。

在训练内容的安排上，应注重循序渐进的原则。在训练计划中，应该先从基础项目开始，再逐渐提高训练难度。例如，在篮球运动中，可以先从基本的传球、运球、投篮等技术开始，再逐步引入更复杂的战术训练和比赛模拟训练。这样安排不仅有助于培养运动员的技术，而且可以提高他们的战术意识和比赛应变能力。

在训练内容的安排上，应注重综合性和个性化。综合性体现为训练计划要全面覆盖各项篮球技术和体能项目，确保运动员在整个训练过程中得到全面的发展。个性化体现为根据不同运动员的特点和需求，量身定制相应的训练内容。例如，对于身体素质突出的运动员，可以适当增加力量训练的比重；对于技术水平较高的运动员，可以增加战术训练的内容。

在训练内容的安排上，需要注重周期性的安排和灵活性的调整。教练应根据季节、阶段和比赛等因素对训练时间进行合理分段，并做周期性安排。同时，随着训练的进行，可以根据运动员的训练效果和反馈情况随时进行相应的调整。例如，如果某项技术还没有得到很好的掌握，可以增加相应的练习时间；如果运动员出现疲劳或伤病，可以适度降低训练强度。

二、高校篮球运动训练计划的调整

（一）针对性调整

随着训练进程的推进，运动员将面临不同的身体状况、技术水平及竞技需求。在这种情况下，对训练计划要有针对性地进行调整，以适应个体差异和团队整体需求。

（1）在针对性调整中，需要根据运动员的个体差异进行分析和评估。其中包括身体素质、技术能力、心理素质等多个方面。通过定期的体能测试和技术评估，教练能够了解每名运动员的优势和劣势，从而制订符合其个体需求的训练计划。

（2）在针对性调整中，需要考虑团队的整体需求。篮球是一项团队运动，合理的团队战术和组织能力对于球队的成功至关重要。因此，在训练计划中，教练需要根据球队的整体战术要求进行调整。例如，如果球队的进攻端出现了问题，可以加强对进攻战术的训练，提高球队的配合默契度。

（3）在针对性调整中，需要考虑时间安排。在训练计划中，教练需要根据比赛的时间节点和球队的状态来进行调整。例如，在离重要比赛还有一段时间时，可以适当降低训练强度，让运动员得到更好的恢复和调整；而在临近比赛时，可以适当增加训练强度，以期在比赛中展现出最佳状态。

（4）针对性调整也包括内容的调整。训练内容的调整涉及不同训练方法和训练项目的应用。根据运动员的需求和团队的整体要求，可以在训练计划中增加一些重点训练项目，如个人技术的磨炼、篮板争夺和防守策略的提升等。

（二）时间调整

时间调整是指根据实际情况对高校篮球运动训练计划中的训练时间进行合理的调整。在制订训练计划时，教练需要根据运动员的学习时间、个人习惯和身体状况等因素来安排每天的训练时间段。然而，随着训练的进行和运动员的发展变化，教练也需要对训练时间进行灵活的调整，以满足他们的实际需求。

教练需要关注运动员的日常作息时间。在运动员的作息时间中，教练可以找到一些适合安排篮球训练的时间段。例如，早晨起床后，运动员通常精神饱满，此时安排一些轻松的热身训练可以提高他们的身体活动能力，增强他们的体力和耐力。另外，下午放学后和晚饭后也是训练的好时机，因为此时运动员已经完成了一天的学习任务，身心放松，可以集中精力进行技术练习和对抗训练。

教练需要根据比赛的时间来进行训练时间调整。在比赛前，为了使运动员能够充分调整状态和适应比赛节奏，教练可以提前调整训练时间，将一些与比赛类似的训练项目放在比赛前几天进行，以提高运动员的比赛能力和战术水平。同样，在比赛后，为了避免过度训练和身体疲劳，教练可以适当减少训练时间和降低训练强度，让运动员有充分的休息和恢复时间。

根据运动员的个人情况和身体状况，教练可以进行个别的时间调整。某些运动员可能有特殊的学习任务或其他活动，这就需要教练灵活安排训练时间，确保他们能够平衡学习与训练之间的关系。如果有运动员在比赛或训练中出现身体不适或受伤的情况，教练也要及时调整训练时间和内容，给予他们充分的休息和治疗时间，保护他们的身体健康。

（三）强度调整

通过对训练强度的合理调整，可以确保运动员能够在训练中达到最佳状态，从而提高他们的表现水平和竞技能力。在进行强度调整时，需要考虑运动员的个体差异、训练阶段和比赛周期等因素。

1. 运动员个体差异

不同的运动员在体力、技术、心理等方面存在着差异，在制订训练计划时，需要根据每名运动员的特点来确定相应的训练强度。例如，对于体能较强的运动员，可以适当提高训练的强度，以挑战其极限；而对于技术水平较低的运动员，需要从基础开始，逐渐增加训练的强度。

2. 训练阶段

在不同的训练阶段，运动员的身体状况和训练目标会有所不同，因此需要相应调整训练强度。在训练初期，应以适应性训练为主，逐渐提高训练强度，使运动员适应训练的负荷；而在比赛前的准备阶段，需要逐渐提高训练强度，确保运动员达到最佳竞技状态。

3. 比赛周期

在比赛前期，为了确保运动员具备充分的体能、技术和心理准备，一般会安排较大强度的训练；而在临近比赛时，需要逐渐降低训练强度，使运动员能够得到充分的恢复和调整，以应对比赛的需求。对于长期备战的比赛，还可以通过周期化训练的方式，将训练强度分配在不同的周期内，以确保运动员持续进步。

（四）内容调整

内容调整主要涉及训练项目、训练方法和训练量的调整，以确保训练计划的科学性和有效性。

在内容调整中，需要根据球队的实际情况和比赛需求，合理调整训练项目。不同位置的运动员在技术和体能方面存在差异，需要有针对性地安排相应的训练项目。例如，对于前锋和后卫来说，他们更注重投篮和控球技术的训练，而中锋需要加强篮板球和防守技术的训练。因此，根据运动员个体的特点和位置需求，合理选取训练项目，能够更好地提高运动员的整体素质。

内容调整涉及训练方法的调整。训练方法是训练计划中的关键要素，直接影响着运动员技术水平和战术水平的提升。在内容调整中，可以采用多种训练方法，如分组训练、对抗训练和技术训练等。分组训练可以提高运动员的协作能力，增强其团队意识；对抗训练能够模拟比赛场景，增强运动员的应变能力；技术训练能够有针对性地提高运动员的具体技术动作。通过调整训练方法，能够更好地满足球队的训练需求，促进运动员的全面发展。

在内容调整中，需要根据比赛的实际情况进行相应的调整。比赛经验是运动员成长过程中的一个重要组成部分，需要通过参与赛事来不断提高。因此，在内容调整中，要根据比赛的场次和间隔，合理安排训练项目和训练强度，以确保运动员在比赛中能够展现出最佳状态。

三、高校篮球运动训练计划的执行

（一）执行前的准备

1. 制订明确的执行计划

执行计划应当明确列出每一个训练阶段的具体目标、内容和时间安排。例如，确定某阶段的训练目标为提高运动员的爆发力和敏捷性，训练内容包括爆发力训练和敏捷性训练，并安排时间表明确每个训练项目的进行时间和持续时间。制订明确的执行计划有助于确保训练有条不紊地进行，提高训练效果。

2. 选拔和准备适当的教练团队

教练团队的素质和能力直接影响训练计划的执行效果。高校篮球运动员需要技术、战术和体能等多个方面的指导，因此，教练团队应当包含专业的技术教练、战术教练和体能教练，以确保全面的训练指导。

3. 提供必要的场地和设备

高校篮球运动需要有足够的篮球场地和训练设备，如篮球架、训练器材等。因此，在实施训练计划之前，需要进行场地和设备的调查与准备，确保训练场地和设备安全、完好和充足。

4. 对参与训练的运动员进行全面的身体和心理评估

通过身体评估，可以了解运动员的体能状况和潜在的体能问题，以便有针对性地制订训练计划。同时，心理评估可以帮助了解运动员的心理状态和潜在的心理问题，有助于运动员心理素质的提高。

（二）执行过程的管理

执行过程的管理包括监督和控制训练计划的具体实施和运行，以确保计划顺利实施，并最大限度地发挥训练作用。

（1）在执行过程的管理中，需要建立明确的责任分工和职责定位。在训练计划执行过程中，需要明确各个参与者的职责，确保每个人都清楚自己的任务，并将其落实到位。主教练、助理教练、训练员和运动员等在训练过程中各司其职，协同合作，共同推动训练计划的顺利进行。

（2）在执行过程的管理中，需要建立有效的沟通和协调机制。通过定期的训练计划会议或训练小组讨论，确保关键信息及时传达和共享，以便及时调整和采取行动。建立有效的沟通渠道，使各相关方可以随时交流信息和反馈意见，从而及时解决问题，提高执行效率。

（3）在执行过程的管理中，需要制定详细的训练指导方针和标准。其中包括明确的训练计划，如具体的训练内容、时间安排、强度控制等。同时，需要制定相应的技术、体能、战术等训练标准，以确保训练的质量和效果。只有通过明确的指导和要求，才能达到训练计划的预期目标。

（4）在执行过程的管理中，要注重监督和检查。在训练过程中，应定期对训练计划的执行情况进行监督和检查，以确保能够及时发现和解决训练过程中的问题。监督和检查的方式包括观察训练现场、收集数据和统计信息、进行综合评估等。通过这些措施，可以及时发现问题，调整和优化训练计划，以提高训练效果。

（5）在执行过程的管理中，要及时进行反馈和总结。在训练过程中，应定期对训练效果进行评估和反馈，以了解训练计划的执行情况和效果。同时，在训练完成后，需要对训练过程中的问题进行总结和分析，以提出改进措施和优化建议。这样可以不断完善训练计划和管理机制，进一步提高训练效果。

（三）执行后的反馈

通过及时、准确地反馈执行情况，可以对训练计划进行及时调整和优化，进一步提高高校篮球运动训练的效果。在执行后的反馈中，主要应对运动员个体表现、团队整体表现及训练计划的一些关键指标进行评价和分析。

1. 针对每名运动员的个体表现进行反馈

通过监测和记录每名运动员在训练中的表现和成绩，可以及时了解个体的优点和不足。在执行后的反馈中，可以对每名运动员的技术、身体素质、竞技状态等进行评价，并制订相应的个体训练计划。例如，对于技术上存在问题的运动员，可以安排额外的技术训练来帮助其提升技术水平；对于身体素质较差的运动员，可以加强力量、速度等方面的训练。

2. 对整个团队的表现进行反馈

通过观察和分析团队在训练中的协作程度、战术执行情况及比赛中的整体效果，可以评估团队在训练计划执行中的整体表现。在执行后的反馈中，可以对团队的配合、战术实施、比赛策略等进行评价，并针对问题制定相应的训练方案。例如，对于团队配合不够默契的情况，可以增加团队合作训练的时间和内容；对于战术执行不到位的情况，可以加强相关战术的训练。

3. 对训练计划的一些关键指标进行评估

通过对训练计划中一些关键指标的评估和分析，可以了解训练计划的合理性和有效性，从而对训练计划进行调整和优化。例如，如果发现训练强度过大或过小，会导致运动员出现身体不适或训练效果不明显的情况，那么可以适当调整训练强度和训练量，以达到更好的训练效果。

（四）执行效果的评估

通过评估执行效果，可以及时发现问题，并进行相应的调整和改进，从而确保训练计划的有效性并达到预期的训练目标。

在执行效果的评估过程中，需要收集相关的训练数据和信息。这些数据和信息可以包括运动员的训练成绩、身体素质的提高情况、技术水平的进步及比赛成绩等。通过统计和分析这些数据和信息，可以直观地了解训练计划的执行情况和运动员的成长进程。

在执行效果的评估过程中，需要考虑运动员的主观感受和反馈。在训练过程中，运动员会面临各种不同的困难，他们的主观感受和反馈可以提供宝贵的信息，帮助教练了解训练的质量和效果。因此，及时与运动员进行沟通，听取他们的意见，对训练计划的调整有至关重要的作用。

在执行效果的评估过程中，可以借助科学技术手段来评估训练效果。例如，运动生物力学分析可以通过运动员的动作捕捉和力量测量等来评估其技术动作的准确性和力量表现的改善情况。心率监测、运动耐力测试等工具也可以提供客观的数据来评估运动员的身体素质和训练效果。

在执行效果的评估过程中，需要与训练目标进行对比和分析。在制订训练计划时，教练会明确设定训练目标，如提高运动员的技术水平、提升球队的竞赛成绩等。通过与这些目标进行对比，可以判断训练计划的执行效果是否符合预期，并发现和解决存在的问题。

第四章　高校篮球运动战术训练方法

第一节　篮球进攻战术训练

一、篮球进攻战术的类型

（一）运球突破

运球突破是通过运动员运用技巧和速度，从防守运动员的防守中突破过去，以实现得分或制造得分机会的一种进攻战术。运球突破需要运动员具备卓越的运球能力和较快的速度，同时充分利用身体的平衡和灵活性。

在运球突破中，运动员要善于利用变向和突破技巧。通过做变向动作，制造出使对手失去平衡的机会，从而迅速突破过去。变向技巧包括快速变向、晃人、背身运球等，这些动作可以使防守运动员失去判断和反应能力，从而为运动员创造得分机会。

在运球突破中，运动员需要具备出色的爆发力。只有速度快、爆发力强的运动员，才能在短时间内突破防守，迅速靠近篮筐。因此，运动员需要在训练中注重提高自身的速度和爆发力，通过力量训练和爆发力训练增强肌肉的爆发力和快速收缩能力，从而在实战中更好地应对对手的防守。

在运球突破时，运动员要善于利用身体的平衡和灵活性。通过灵活运用腰部和臀部，迅速变化方向，使对手无法抓住机会进行防守。同时，正确利用身体平衡可以在面对对手的身体接触时保持稳定，不被对方防守破坏控球。

（二）长距离投篮

长距离投篮能够帮助球队在比赛中获得额外的得分机会。在长距离投篮的训练中，运动员需要具备出色的投篮技巧和准确的投篮能力。长距离投篮的目标是在尽可能远的距离外，从三分线以外的位置投篮，以增加球队的得分。

长距离投篮训练要求运动员具备稳定的投篮姿势和正确的手部动作。运动员应当站在合适的位置，保持身体平衡，并保持节奏稳定的投篮动作。同时，手部动作包括控制球的位置和角度，以及手腕的力量和灵活性。熟练掌握这些技巧对于成功的长距离投篮至关重要。

长距离投篮训练需要强调准确性和一致性。运动员在训练中应不断努力提高投篮命中率，并且要能够在不同的比赛场景下保持一致的表现。这意味着运动员需要学会适应不同的防守压力和比赛节奏，同时保持投篮技巧的稳定性。只有通过充分的训练和反复的练习，运动员才能在比赛中顺利地完成长距离投篮动作。

长距离投篮需要与其他战术相结合，如传球和位置的变换等。运动员应学会如何与队友合作，寻找最佳投篮机会。在比赛中，运动员需要有足够的空间和时间来准备长距离投篮，因此，球队的战术安排和组织非常重要。合理的战术安排和组织能够创造出更多的投篮机会。

长距离投篮的训练应结合比赛情境进行，模拟真实的比赛压力和环境。通过在紧张的比赛场景中进行训练，运动员能够更好地适应比赛的要求，并在高压下保持良好的表现。此外，在训练中还应注重融入战术知识和进行战术分析，以提高运动员对比赛局势的把握能力，从而做出更明智的投篮决策。

（三）篮下强攻

在比赛中，篮下强攻可以有效得分，或者为队友创造出更多的得分机会。在篮下强攻的训练中，运动员需要具备出色的技术和较好的身体素质，并且需要有良好的战术意识和团队合作能力。

（1）在篮下强攻的训练中，运动员需要掌握一系列的技术动作，如脚步的运用、利用身体优势抢占内线位置及保持稳定的出手动作等。对这些技术动作的熟练运用可以提高运动员的进攻效率，使他们能够在有限的时间内完成得分动作。

（2）在篮下强攻的训练中，需要注重对运动员身体素质的培养。由于篮下强攻时运动员与防守运动员进行激烈的对抗，因此运动员需要具备较强的身体力量。通过力量训练、爆发力训练及敏捷性训练，运动员可以提升自身身体素质，更好地应对对手的防守压力。

（3）篮下强攻需要运动员具备良好的战术意识。在比赛中，运动员要能够判断出合适的篮下强攻时机，选择最佳的进攻路线，并与队友进行良好的配合。在对方防守运动员形成双人包夹的情况下，运动员需要具备快速传球的能力，以打破对方防守的局面。

（4）篮下强攻的训练需要强调团队合作的意识。在篮下强攻时，运动员需要通过有效的传球、挡拆和制造空间等手段，为队友创造出得分的机会。因此，运动员之间的默契配合是篮下强攻成功的关键。团队合作的训练可以让运动员更好地理解队友的战术意图，提高整个团队的进攻效果。

（四）传球配合

在篮球进攻战术中，传球配合不仅能够有效地打乱对方防守的节奏，还能创造更多的进攻机会和空间。传球配合包括运动员之间的传球、切入与回传及运动员之间的默契配合等。

传球是一项基本的篮球技术，它在配合进攻中有至关重要的作用。通过传球，球队可以迅速地将球从一侧传到另一侧，从而使对方防守运动员无法灵活地跟随。传球还能创造出空位，让运动员轻松地接球并投篮得分。因此，在传球配合中，运动员需要具备准确的传球技巧和良好的传球意识。

切入与回传是传球配合过程中的重要环节。切入是指运动员利用快速的跑动和灵活的身体控制技巧，通过切入对手防守位置的空隙，来接球得分。回传是指在没有足够空间切入得分的情况下，运动员及时地将球回传给队友，再通过队友的传球或者重新组织进攻展开。切入与回传的配合需要运动员之间有高度的默契和相互理解，因此只有通过不断练习和磨合，才能在比赛中形成扎实的传球配合体系。

在传球配合中，运动员需要遵循一些基本的原则。第一，传球要快速、准确，避免过多转身和做出预判。第二，传球要具有变化和欺骗性，通过假动作和突然变向来迷惑对方防守运动员，制造进攻空间。第三，传球时运动员要站好位置，以便及时接球或回传给队友。总之，传球配合需要运动员在瞬息万变的比赛环境中保持冷静、敏捷和灵活，通过精准的传球和默契的配合来取得进攻优势。

在传球配合训练中，教练可以采用一系列的训练方法（如传接球练习、切入回传练习、双人跑动配合等），来提升运动员的传球技巧和配合能力。同时，应注重培养运动员的团队意识和沟通能力，使他们能够在比赛中更好地理解和配合队友。只有通过不断训练和磨砺，运动员才能够在传球配合中相互信任，从而更好地发挥出战术的威力。

二、篮球进攻战术训练的重要性

(一) 提高比赛胜率

在篮球比赛中，取得胜利是每支球队的终极目标。而篮球进攻战术训练的重要性就在于能够帮助球队提高比赛胜率。通过有针对性的进攻战术训练，球队可以在比赛中更加高效地得分，增加比赛胜利的可能性。

不同的进攻战术可以针对对手的防守体系找到破绽，从而打破对方的防线，创造出得分机会。例如，通过利用运动员的速度优势进行快速突破，或者通过精确的传球组织打破对手的防守，都是有效的进攻战术手段。这些战术训练能够让球队在比赛中更加灵活地应对各种局面，提高得分效率。

(二) 提升运动员技术水平

通过系统的训练，运动员可以不断地磨砺自己的基本技术（如投篮、传球、运球等），从而在比赛中更加准确、灵活地执行各项进攻战术。

进攻战术训练可以帮助运动员提高他们的判断能力和决策能力。在比赛中，运动员需要根据场上形势和防守方的变化来做出正确的决策，选择最合适的进攻战术。通过训练，运动员可以学会分析比赛局势，提前预判对手的动作，快速做出反应，并做出最合理的进攻选择。

进攻战术训练可以帮助运动员提高他们的团队合作能力。在训练过程中，运动员需要相互协作，配合默契地执行各项战术，以实现高效的进攻。通过不断训练，可以培养运动员团队合作的意识和技巧，使球队的整体实力得到提升。

进攻战术训练有助于培养运动员的自信心和比赛心态。训练中的不断挑战和成功，可以让运动员建立起对自己技术的信心，增强在比赛中的竞争力和斗志。同时，通过训练，运动员可以逐渐适应比赛的紧张环境，培养出良好的比赛心态，不畏艰难，勇于面对挑战。

(三) 增强球队整体实力

通过进攻战术训练，可以有效地增强球队的整体实力，从而在比赛中取得更多的胜利。

进攻战术训练可以提高球队的战术理解和协作能力。每支球队都有自己独特的进攻战术体系，包括快攻、定位进攻、挡拆等多种战术策略。通过训练，运动员能够更加深入地理解战术的要领，掌握战术执行的技巧。同时，球队中的每名运动员需要在训练中配合默契，通过传球、移动和配合来顺利实现战术。只有整支球队都有效地配合执行战术，才能够在比赛中形成强大的攻击力量。

进攻战术训练可以提高球队的进攻技能和得分能力。进攻是篮球比赛中最为关键的环节之一，而进攻得分更是胜利的关键。通过系统的战术训练，运动员能够不断提升自己的投篮、突破、传球等进攻技巧，增强得分能力。各种战术训练的重复和实践，可以帮助运动员形成更准确、更快速的进攻反应，增强球队的得分能力。同时，通过训练可以提高运动员的意识和判断能力，使他们在比赛中能够做出正确的决策，找到最佳的进攻机会。

进攻战术训练可以提高球队的整体配合和阻击能力。在对抗性比赛中，球队需要不断击溃对手的防守阵容，从而将球送入对方的篮筐。通过进攻战术训练，能够培养球队团队合作的精神。战术训练强调运动员之间的传球配合、移动和支持，使整个球队呈现出更加流畅、连贯的进攻风格。同时，通过对抗性训练，可以提高球队的防守效果，增强在比赛中的阻击能力。

(四) 塑造球队独特风格

在篮球赛场上，每支球队都希望能够拥有独特的风格，以与其他球队区分开来。通过进攻战术训练，球队能够形成自己的独特风格，并在比赛中展现出来。

通过巧妙地设计和训练特定的进攻战术，球队能够在比赛中形成别具一格的打法，使对手难以应对。例如，某些球队可能注重外线投篮，通过快速传球和准确投篮来取得优势；另一些球队可能更注重内线进攻，利用运动员的身高和力量优势来打破对手的防线。不同的风格赋予球队不同的竞争优势。

三、篮球进攻战术训练的任务

(一) 提升运动员的身体素质

身体素质是篮球运动的基础。只有具备良好的身体素质，运动员才能更好地完成各项技战术动作，并在比赛中展现出强大的竞技能力。

提升运动员的身体素质有助于提高他们的爆发力和速度。在进攻阶段，运动员需要迅速突破防守，出色完成个人的进攻动作。较强的爆发力和较高的速度能够帮助运动员更好地突破对手防线，创造得分机会，同时更好地与队友配合，展开快速的进攻。

身体素质的提升可以增强运动员的耐力和持久力。在比赛中，球队需要持续不断地进攻，而持久的体能能够保证运动员在长时间的比赛中保持高水平的表现。只有具备良好的身体素质，运动员才能在比赛末段依然保持精力充沛，不被疲劳所影响，保持准确的投篮和传球能力。

身体素质的提升能够增强运动员的稳定性和灵活性。篮球进攻战术需要运动员灵活地完成各种变换的动作，如起跳、转身、变向等。只有身体素质达到一定水平，运动员才能够在完成这些技术动作时保持身体的平衡，增加动作的准确性和稳定性。同时，身体灵活性的提升能够让运动员更好地应对对手的防守压力，灵活地变换进攻方向，制造更多得分机会。

良好的身体素质可以为运动员提供更大的发挥空间，使他们在比赛中展现出更强的竞技能力。因此，在进攻战术训练中，要注重对运动员身体素质的培养，通过合理的训练方法和科学的训练计划，提升运动员的爆发力、速度、耐力、稳定性和灵活性，为球队的进攻战术打下坚实的基础。

（二）培养运动员的技战术意识

技战术意识是指运动员对于比赛形势的判断和理解，并且能够在短时间内做出正确的决策和反应。培养运动员的技战术意识是进攻战术训练中的重要任务之一。培养运动员的技战术意识要注意以下几个方面。

1. 注重基本技术的打磨

篮球作为一项技术性很强的运动项目，对运动员的基本技术要求较高。在进攻战术训练中，教练应注重对运动员的基本技术（如传球、投篮、运球等）进行细致的训练和指导。通过反复练习，运动员可以不断提升自己的基本技术水平，进而在比赛中更加灵活自如地运用技术，提高进攻效率。

2. 注重战术的学习和实践

战术是指在比赛中，根据具体的比赛形势制定和调整的进攻策略。运动员需要通过学习各种不同的战术，充分了解每种战术的特点和应用，从而在比赛中根据形势变化灵活运用战术。在进攻战术训练中，教练可以通过模拟比赛的方式，让运动员在实际场景中学习和运用各种战术，培养他们的战术思维和意识。

3. 注重团队配合和沟通能力的培养

篮球是一项团队合作的运动，运动员之间的默契和配合非常重要。在进攻战术训练中，教练应加强运动员之间的沟通和协作训练，让他们能够更好地相互配合和理解彼此的意图。只有在团队的配合下，运动员才能更好地理解和运用战术，提高整个球队的进攻效果。

（三）提高运动员的应变能力

应变能力是指在比赛中面对各种情况，能够快速做出正确反应和调整策略的能力。这种能力对于运动员个人和整个球队的表现有至关重要的作用。提高运动员的应变能力主要包括以下几个途径。

1. 注重技战术训练

通过反复进行技战术训练，运动员能够逐渐熟悉各种技巧和战术，并在实战中熟练运用。这样，当运动员面临不同的防守策略或战术变化时，能够更好地应对并做出正确的选择和决策。

2. 培养运动员的观察能力和判断能力

运动员应学会观察赛场上的情况，包括队友、对手及整体局势的变化。通过不断练习和比赛，运动员可以对比赛节奏、对手反应和局势变化产生敏锐感知，从而在关键时刻做出正确的判断和应对。

3. 提高运动员的心理素质

在激烈的比赛中，运动员面临着各种压力和挑战，包括来自对手的防守、裁判的判罚及观众的压力等。只有具备良好的心理素质和抗压能力，运动员才能在关键时刻保持冷静，做出明智的决策和应对。

4. 注重团队合作和沟通

在比赛中，运动员之间需要相互配合和沟通，以便在关键时刻进行应变和战术调整。通过训练与比赛中的合作和沟通实践，运动员可以更好地理解和适应队友的动作和意图，进而更有效地做出应变和配合。

(四) 增加球队的战术深度

为了提高球队的整体实力和比赛的胜率，要增加球队的战术深度。通过增加战术深度，球队能够在比赛中更加灵活和多样化地应对对手的防守策略，从而保持竞争优势。

第一，增加球队的战术深度需要建立起战术编排体系。战术编排体系是指在训练中，教练需要制定一套科学合理的战术体系，包括一系列的进攻战术和配合方式。这样，球队在比赛中就能够根据具体的比赛情况和对手的防守方式进行战术调整，使自己的进攻更具攻击性和威胁性。

第二，增加球队的战术深度需要加强运动员之间的默契和配合。篮球是一项集体比赛项目，运动员之间的默契和配合将直接影响球队的战术效果。在训练中，教练应注重培养运动员的意识和能力，使他们能够通过各种配合方式来完成进攻任务。例如，通过传球、跑位、挡拆等战术配合方式，运动员之间能够更默契地进行协作，创造出更好的进攻机会。

第三，增加战术深度需要球队在比赛中能够适应对手的防守策略。在比赛中，对手可能采取不同的防守策略，如紧逼防守、区域防守等。球队需要及时调整自己的进攻战术，以更好地突破对手的防线。这就需要球队成员具备良好的观察能力和判断力，能够在比赛中快速做出正确的决策，并有能力将战术执行到位。

第四，增加球队的战术深度需要注重运动员的战术学习和训练。战术学习和训练是使运动员具备良好战术素养的基础。教练应引导运动员通过观看比赛录像、阅读战术相关图书、参加战术讲座等方式来提高战术素养。同时，在训练中，教练要根据运动员的实际情况制订相应的战术训练计划，通过反复练习不同的战术动作和配合方式，使运动员能够熟练掌握各种战术技巧。

四、篮球进攻战术训练原则

(一) 以比赛为导向

在篮球进攻战术训练中，以比赛为导向意味着需要紧密结合实际比赛情境来设计和实施训练活动。只有通过模拟和练习，运动员才能更好地适应比赛中的各种变化。

为了以比赛为导向，一种有效的方法是通过创建真实的比赛环境来训练运动员。其中包括在训练中考虑比赛的时间、空间、人员等方面的因素。通过场地的合理布置和真实的比赛规则设置，能够让运动员更好地感受比赛的紧张氛围，提升其对比赛情境的适应能力。

在以比赛为导向的训练中，需要注重对运动员战术思维和意识的培养。不仅要让运动员熟练掌握各种进攻技战术，更重要的是培养运动员在比赛中正确判断、决策和执行战术的能力。在与队友的配合、防守运动员的压力及比赛中的时间压力等综合因素的影响下练习，可以帮助运动员在实战中更好地应对各种挑战。

以比赛为导向的训练要求教练能够及时观察和评估运动员的表现。教练需要密切关注运动员在训练中的战术技术运用、球队整体配合及个人表现等。通过及时的反馈和指导，帮助运动员调整和改进自己的表现，从而更好地适应比赛。

（二）以运动员为中心

篮球是一项团队运动，每名运动员都扮演着不可替代的角色。因此，在训练过程中，必须将运动员放在首要位置，并关注他们的个人发展和潜力释放。

以运动员为中心意味着要根据每名运动员的特点和能力制订个性化的训练计划。不同的运动员具有不同的身体素质、技术水平和篮球智商。通过评估每名运动员的优势和需求，教练可以为他们设计合适的训练内容，以帮助他们充分发挥自己的潜力。

以运动员为中心意味着要关注运动员的需求和意愿。教练应与运动员进行密切的沟通，了解他们的目标、动机和期望。只有把运动员的意见和需求放在心上，才能够使训练更加有针对性和效果。教练还应鼓励运动员主动参与训练决策和反馈，使他们更加积极主动地投入训练中。

以运动员为中心意味着要注重培养运动员的领导能力和自主性。在球场上，领导者的作用不言而喻，他们能够带领球队、调动队友的积极性，并做出明智的决策。因此，在训练中，教练应给予运动员更多的发言权和决策权，鼓励他们发挥领导才能，培养他们的自主性和责任感。

以运动员为中心意味着要关注运动员的综合发展。篮球进攻战术训练不仅要注重运动员的技术能力，还要注重他们体能、认知和心理素质的提升。因此，教练应为运动员提供全方位的训练（包括力量训练、耐力训练、灵敏度训练等），以综合提高他们的实战能力。

（三）以提高实战能力为目标

为了增强篮球运动员的实战能力，进攻战术训练必须以提高实战能力为目标。实战能力是指运动员在比赛中应对各种局面、做出正确决策和有效执行的能力。提高实战能力需要从多个方面入手。

1. 注重提高运动员的技术水平

篮球是一项技术密集型运动，只有掌握扎实的基本功，才能在实战中表现出色。因此，在进攻战术训练中，需要加强运动员传球、运球、投篮等基本技术训练。通过不断反复的练习，运动员能够准确地控制球、做出正确的决策，并在比赛中稳定地完成各种技术动作。

2. 重视培养运动员的意识和观察力

在篮球比赛中，局势的变化十分迅速，运动员需要在瞬间做出正确的判断，并做出相应的反应。因此，在进攻战术训练中，应注重培养运动员的空间意识、时间意识和对防守的观察力。通过反复多次的战术演练和对局势的模拟训练，运动员能够敏锐地察觉到比赛中的变化，从而做出正确的决策，并给出有效的指令。

3. 重视运动员的体能训练

实战能力的提高不仅仅依赖于技术和意识，还需要运动员具备良好的体能素质。在篮球比赛中，运动员需要持续奔跑、跳跃和快速变向。因此，在进攻战术训练中，应注重对运动员耐力、速度和爆发力的训练。通过体能训练，运动员的身体素质达到最佳状态，并在比赛中有良好的表现。

4. 树立正确的竞技意识

篮球是一项竞技性很强的运动，需要运动员有坚强的意志力和拼搏精神。在进攻战术训练中，应注重培养运动员的竞争意识和团队意识。通过对抗训练和模拟比赛，运动员能够适应比赛的压力，保持良好的竞技状态，并与队友紧密合作，提高球队整体实力。

（四）以科学训练为手段

科学训练能够有效提升运动员的技术水平和战术意识，为球队执行进攻战术提供强有力的支撑。科学训练主要体现在以下几个方面。

1. 注重基本功的培养

在篮球进攻战术中，基本功是不可或缺的基石。例如，准确的投篮、敏捷的运球技巧、高效的传球能力等都是成功实施进攻战术的基础。通过科学训练，运动员能够不断提升这些基本功，使其成为执行进攻战术的可靠工具。

2. 注重个体技术的细化与提升

科学训练是指根据运动员的个体特点，有针对性地进行训练。例如，快速突破的得分后卫可以通过强化爆发力和灵活性的训练来提高突破能力，善于传球的控球后卫可以通过精准传球的训练来提升组织进攻的能力。科学训练的细化能够让运动员在进攻战术中发挥出自己的特长，实现个人能力的最大化。

3. 关注比赛情境的模拟和重复训练

在比赛中，运动员需要迅速做出正确的决策，并在紧张的局面下保持良好的执行能力。通过模拟比赛情境（如进行五对五对抗训练、做出迅速决策的小组对抗等），可以让运动员在压力下逐渐熟悉和掌握情境下的进攻战术。通过反复的训练，能够培养出运动员敏锐的观察力和快速做出正确决策的能力，进而提高实战能力。

4. 注重数据分析与技术创新

通过对比赛数据的详细分析，可以发现运动员和战术中存在的问题，并找到改进的方法。同时，技术创新（如使用 VR 技术进行战术演练、引入无人机进行战术布置等）为进攻战术训练提供了更多可能性。科学训练的数据分析和技术创新能够使训练更具针对性和创新性，达到更好的训练效果。

五、篮球进攻战术训练策略

（一）制订科学、有效的训练计划

在篮球进攻战术训练中，制订科学有效的训练计划是至关重要的一步。这一步是为了确保训练目标明确、有序进行，并最大限度地提高球队的进攻战术水平。在制订训练计划时需要注意以下几个方面。

第一，对球队的实际情况进行全面分析。包括对球队成员的技术水平、身体素质、个人特点及整体战术风格等方面的评估。只有充分了解球队的实际情况，才能制订出符合球队特点的训练计划。

第二，根据球队的短期目标和长期目标确定训练计划。短期目标可能是提高球队的进攻效率或者增加运动员之间的默契度，长期目标可能是提升球队的整体竞技水平或者在比赛中取得更好的成绩。目标不同，训练计划的内容和强度也不同。

第三，在制订训练计划时，根据不同的训练周期来安排训练内容。通常情况下，篮球训练可以分为准备期、比赛期和恢复期。在准备期，可以注重运动员的基础技术训练和战术磨合；在比赛期，可以注重模拟比赛情况并进行实战训练；在恢复期，需要合理安排训练强度，以保证运动员的身体得到充分的休息和恢复。

第四，注重训练的适应性和个性化。不同的运动员在技术、身体素质和认知能力等方面存在差异，需要有针对性地安排训练内容，以最大限度地发挥运动员的潜力。

第五，充分借鉴科学训练理论和经验。通过学习和研究前人的成功经验，可以更加精准地确定训练目标和方法，为球队的训练提供科学依据。

（二）确保训练的针对性和实效性

确保训练的针对性和实效性应从以下几个方面入手。

1. 明确训练目标

通过分析球队的实际情况和需要改进的方面，确定训练目标，可以帮助指导训练内容的选择和安排。例如，如果球队的三分球命中率较低，可以将重点放在三分球的训练上，以提高运动员的投篮技巧和准确性。

2. 依据运动员的实际水平和特点进行训练

不同的运动员在技术和身体素质上存在差异，因此需要有针对性地进行训练。例如，对于身体强壮、擅长突破的运动员，可以让他们加强突破和挡拆配合的训练；对于身高优势明显的运动员，可以注重其在篮下得分能力和篮板能力提升。个别化的训练可以更好地发挥运动员的优势，提高整体战术的实施效果。

3. 引入实战模拟和对抗训练

通过模拟真实比赛场景，让运动员在压力下应用他们所学的战术技能，能够更好地培养其应对复杂局面和做出正确决策的能力。同时，在对抗训练中，运动员能够面对不同风格的对手，从中吸取经验教训并不断提高自己的技术和战术水平。

4. 定期评估和反馈

通过对运动员的表现和进步程度进行评估，能够及时发现问题并有针对性地调整训练计划。给予积极的反馈和激励也非常重要，可以提升运动员的自信心和积极性，促使他们更加努力地参与训练。

（三）创新训练方法

创新是推动进攻战术训练发展的重要驱动力。只有不断寻求新的方法，才能适应不断变化的比赛形势，提高球队的整体竞争力。

1. 利用现代技术手段

随着科技的进步，可以采用视频分析、数据统计等手段来帮助运动员和教练更好地理解和掌握进攻战术。通过观看比赛录像和分析统计数据，运动员能够更深入地了解自己的技术和战术表现，从中发现不足之处并加以改进。同时，教练可以根据这些数据和视频资料来调整训练计划，更有针对性地进行进攻战术的训练。

2. 引入游戏化元素

通过将训练设置成游戏的形式，能够更好地激发运动员的积极性和参与热情。例如，可以设计一些小组对抗赛或多人协作训练，让运动员在竞争中学习和应用进攻战术。这样不仅能够增加运动员的训练兴趣，还能够提高他们在比赛中的应对能力并增强战术意识。

3. 与其他运动的交叉训练

篮球与足球、网球等运动有许多相似之处，可以借鉴其他运动的战术思维和训练方法。例如，可以从足球运动中学习团队协作和空间利用等战术，将其应用到篮球进攻中。这样的交叉训练不仅可以丰富训练内容，更能激发运动员的创造力和灵感，为他们提供更多解决问题的思路。

第二节　篮球防守战术训练

一、篮球防守战术的类型

（一）人盯人防守

在人盯人防守中，每名防守运动员都被分配一名对手，负责密切盯防对方运动员，阻止其得分。这种防守方式注重个人能力和防守技巧的发挥，对运动员提出了较高的要求。

人盯人防守的优势在于能够有效限制对方运动员的活动空间，减少对方的得分机会。由于每名防守运动员只需关注一名对手运动员，能够更好地掌握对方运动员的特点，从而有针对性地进行盯防。这样的个人化防守，使整个防守体系更加灵活和可靠。

在人盯人防守中，关键是要实施严密而有力的盯防。防守运动员需要时刻保持警惕，全神贯注地防守对手运动员。盯防时，可以通过跟随、贴身防守、运用身体接触等方式，限制对方运动员的活动，尽可能地减少对方的得分机会。

除了个人对位盯防外，人盯人防守需要注重团队合作。队友之间需要密切配合，及时传递防守信息，帮助其他队友完成盯防任务。

为了提高人盯人防守的效果，防守运动员需要进行相应的训练。一是体能方面的训练，包括爆发力、速度和耐力的提高，以应对对手的快速突破和变向。二是技术方面的训练，包括变向运动、变速运动、抢断等防守技巧的练习。三是加强对对方运动员的研究和了解，掌握对方运动员的特点，从而更好地制约对方。

（二）区域防守

与人盯人防守不同，区域防守强调的是对篮球场地的划分，并通过合理的站位和协作进行团队防守。区域防守注重整体的防守策略，旨在限制对方运动员的得分机会，控制篮球比赛的节奏。

区域防守的核心思想是通过建立防守区域阻止对方运动员进攻篮筐。一般来说，防守区域包括内线区域和外线区域。内线区域负责阻挡对方运动员在禁区内的得分，外线区域负责限制对方运动员的投篮机会。在区域防守中，运动员需要密切注意自己所负责的防守区域，并与队友密切配合，形成一个紧密的防守阵形。

成功的区域防守需要良好的组织和沟通。球队需要采取明确的防守策略，合理划分防守区域和进行协作配合。此外，球队中的每名运动员都需要明确自己的防守任务，不仅要密切注意自己负责的区域，还要及时提醒和帮助队友完成防守任务。

区域防守的训练任务主要包括对篮球场地划分的理解和熟悉、站位和移动的技巧训练、运动员间的沟通协作训练等。在训练过程中，可以通过模拟比赛情境来增强运动员对各个防守区域的意识，并让运动员主动思考如何与队友配合、如何利用防守区域来限制对方得分。

区域防守的核心是集体防守。在区域防守中，运动员不仅要注重自己的防守任务，更重要的是要与队友进行有机的协作。队友之间的互相支持和配合是区域防守的关键，只有通过紧密的合作才能有效地限制对方得分。在防守时，运动员要保持良好的沟通，及时提醒队友变防、协调站位等。

（三）混合防守

混合防守是一种结合了人盯人防守和区域防守的战术策略。它的目的是通过迅速切换和协作，限制对方运动员的进攻选择，使对方陷入进攻困境。

混合防守的关键在于灵活性和团队合作。与传统的人盯人防守相比，混合防守注重团队整体的配合和协调。当对方进攻到我方篮下时，我方运动员可以使用区域防守限制其内线得分；而当对方外线持球进攻时，则采取人盯人策略，对其进行严密的盯防。

在混合防守中，球队需要不断调整和适应对手的进攻策略。当对手的内线得分能力强时，应加强内线的区域防守，通过包夹和封堵来限制对方；而当对手的外线投篮准确率较高时，应加强外线的人盯人防守，严密盯防对方的主要得分点。在比赛中，可以根据不同的局势和对手的策略，灵活地切换防守模式，以迅速应对对方的进攻。

混合防守的训练任务是培养运动员的防守意识和协作能力。运动员需要了解不同的防守类型和切换时的配合要求，同时需要在训练中不断强化个人技能和战术认知。团队合作和沟通也是混合防守训练的重要内容，运动员之间需要有良好的配合和默契，通过互相支持和帮助来完成防守任务。

在混合防守训练中，可以通过战术演练、对抗训练和视频分析等手段来提高运动员的防守水平。战术演练可以帮助运动员掌握不同防守类型的技巧和要领；对抗训练可以提高运动员在实战中的应对能力；利用视频分析可以帮助运动员更好地理解和消化训练内容，发现自己的不足之处并及时进行调整和改进。

二、篮球防守战术训练的重要性

（一）提升比赛胜率

通过防守战术训练，球队可以提升比赛胜率，从而在竞技场上取得更好的成绩。防守战术是篮球比赛中攻守两端的重要组成部分。防守的好坏直接影响比赛结果。

在防守战术训练中，运动员通过学习不同的防守策略和技巧，能够更好地阻止对手得分。例如，采取合理的盯人防守策略，运动员可以有效地限制对手的得分机会，从而降低对手的得分效率。通过防守时的细致观察和判断，运动员能够更准确地预判对手的进攻意图，做出更快速、更精准的防守动作，从而增加对手的失误率，进一步提高比赛胜率。

（二）增强运动员素质

通过防守战术训练，运动员能够全面提升身体素质，进而在比赛中有卓越的表现。

防守战术训练能够增强运动员的爆发力并提高反应速度。在篮球比赛中，运动员需要具备较强的爆发力和敏捷性，以便在防守时能够迅速反应。通过常规的防守训练（如跑动、变向、反应等练习），可以提升运动员的爆发力和反应速度，使其在比赛中更具优势。

防守战术训练能够增强运动员的持久力和耐力。篮球比赛往往是一场体力和意志的较量，尤其对防守方来说，更是如此。在防守时，运动员需要持续不断地运动、盯人、沟通等。这对身体的耐力和心理的稳定性都提出了较高的要求。通过持续而有针对性的训练，可以提高运动员的持久力和耐力，从而使其能够在比赛中保持出色的表现。

防守战术训练能够增强运动员的专注力和注意力。在比赛中，运动员面临来自对手和外界的各种干扰和压力，需要保持高度的专注力和注意力。通过有针对性的专注力培养训练（如练习时的注意力集中、迅速反应、集体积极意识的养成等），可以提升运动员的专注力和注意力，从而使其能够在防守时更加有效地抵御对手的进攻。

防守战术训练能够帮助运动员培养团队合作意识。在篮球防守中，运动员需要密切协作，进行位置变换、盯人配合、防守篮板等动作。通过训练中的团队合作模拟和多人防守演练，运动员将逐渐形成团队意识和合作默契，从而在比赛中更好地合作，进行有效的防守和进攻。

（三）促进团队合作

通过防守战术训练，运动员不仅能学会如何在个人防守中发挥出最佳水平，更重要的是学会如何与队友协作，共同应对对方的进攻。

防守战术训练强调运动员之间的沟通与配合。在比赛中，成功的防守需要运动员之间的密切配合和默契衔接。通过训练，运动员能够学会传递信息，及时交流防守策略，共同制定应对对手的战术。例如，在场上，一名运动员发现对方运动员有投篮的机会时，可以通过语言或手势向队友传达这一信息，使其他运动员能够及时回防，组织有效的包夹防守。

防守战术训练有助于增强运动员的团队意识和集体荣誉感。在训练中，教练通过创造各种情境，可以强化运动员的团队意识。例如，在进行防守演练时，教练可以创造一种只有凭借团队合作才能阻击对方进攻的场景。只有充分发挥每名运动员的个人能力，并相互信任、相互支持，才能成功击退对方的进攻。这样的训练不仅可以培养运动员的合作意识，还可以增强他们的团队凝聚力和集体荣誉感，让他们明白只有整个团队的努力才能赢得比赛。

防守战术训练能让运动员更好地理解各自在团队中的角色和责任。在篮球比赛中，不同位置的运动员有不同的防守任务，而防守战术训练可以让运动员更加清楚自己的责任范围和防守策略。在训练中，教练要强调每名运动员的定位和任务，使每个人都明确自己在团队中的地位和作用。这样不仅能够提高运动员的专业水平，更能够让他们明确自己在团队中的责任，增强责任感和使命感。

三、篮球防守战术训练的任务

（一）学习防守技术

运动员需要学习正确的站位和移动技巧。站位是防守的基础。合理的站位可以让运动员更好地控制对手的进攻路线，限制对方的得分机会。通过学习正确的站位和移动技巧，运动员可以在对方持球时快速切换防守位置，逼迫对手犯错。

运动员需要学习如何封堵对方的投篮和传球线路，包括准确判断对手的出手角度和力度，及时出手封堵，阻止对方得分。此外，运动员还需要学习如何利用身体优势阻挡对手的突破和进攻。通过合理利用身体姿势和力量，运动员可以有效限制对手的进攻能力，降低对方的得分效率。

除了学习防守技术，运动员还需要不断进行战术训练。训练应从基础开始，逐渐提高难度。例如，运动员可以通过练习变向运球和应对突破，提高自己的反应速度和协调能力；通过模拟比赛情境进行防守对抗训练，增强自己的防守意识和反应能力。此外，还可以通过观看高水平比赛和分析录像来学习优秀运动员的防守技术和战术思路，借鉴他们的经验和技巧。

在防守技术的学习和训练过程中，教练起着重要的指导作用。教练应制订科学合理的训练计划，结合运动员的实际情况进行个别化指导；及时纠正运动员的错误动作和技术问题，帮助他们逐步改进和提升；通过组织防守战术训练，帮助运动员将学到的防守技术应用到实战中。通过训练和比赛的实际应用，运动员不仅能更好地理解和掌握防守技术，还能逐步形成良好的防守意识和战术智慧。

（二）增强防守意识

在比赛中，防守意识的高低直接影响球队的整体防守质量。只有运动员具备良好的防守意识，才能及时做出正确的防守决策，并有效地干扰对手的进攻，阻止对方得分。

增强防守意识需要培养运动员的观察力和分析能力。运动员应能够迅速而准确地判断对方进攻的意图和动作，根据对方的动向做出相应的防守动作。观察力和分析能力的训练可以通过反复观看录像、模拟对抗等方式来进行。通过多次观察和分析，运动员能够逐渐提高对对手进攻的预判能力，从而更好地做出防守反应。

增强防守意识需要提升运动员的沟通和协作能力。篮球是一项集体运动，队友之间的紧密配合在防守端起着至关重要的作用。运动员应该学会密切观察队友和对手的位置、动作，并通过口头和非口头的方式进行有效的沟通，例如指令喊声、手势等。只有当运动员之间有良好的沟通和协作时，才能形成严密的防守体系，使对方难以突破。

增强防守意识需要注重对身体素质的培养。防守意识不仅仅是意识上的把握，更需要配合良好的身体素质来实施。例如，快速的反应能力、灵活的机动性及爆发力的发挥等，都是增强防守意识必不可少的条件。因此，在训练中应注重加强对运动员身体素质的培养，包括力量训练、灵活性训练和速度训练等。

增强防守意识需要运动员具备积极的心态。防守是一项需要耐心和毅力的任务，运动员需要保持积极的心态，不断学习和改进自己的防守技巧。在与对手的对抗中，运动员不能退缩或灰心丧气，而应保持自信和积极的进攻意识，灵活运用各种防守策略，不断适应对手的变化。

（三）熟悉防守战术

熟悉防守战术的作用主要体现在以下几个方面。

1. 熟悉防守战术可以帮助运动员理解整个防守体系的思想和运作机制

在篮球比赛中，防守的目标是限制对手得分，而不仅仅是简单地和对手抢球。了解不同的防守战术（如区域防守、人盯人防守及全场紧逼防守等），可以使运动员清楚地知道如何协调队友，如何针对不同的场上局势做出相应的调整。这种整体的战术认知有助于球队形成默契配合，提高防守效果。

2. 熟悉防守战术可以增强运动员的战术意识

战术意识是指运动员在比赛中能够迅速判断场上局势并做出正确的决策。

通过深入学习和训练各种防守战术，运动员可以更好地理解进攻方的意图和战术，从而更好地阻止对方得分。例如，在学习区域防守时，运动员需要学会观察并阻挡对方的传球路线，预判并阻挡对方的突破路线，以及快速回防并协助队友进行防守。这种对战术细节的把握能力需要通过熟悉防守战术的训练来锻炼。

3. 熟悉防守战术可以增加运动员对对手的了解

在比赛中，对手的特点和习惯性的战术偏好是运动员进行防守的重要考虑因素。通过收集并分析对手的信息，运动员可以更好地应对对手的进攻策略，采取相应的防守战术。这就要求运动员在熟悉各种防守战术的同时对对手的战术风格有全面的了解。只有这样，运动员才能够在比赛中更好地应对对手的进攻，实现成功的防守。

（四）收集对手信息

收集对手信息的作用主要体现在以下几个方面。

1. 收集对手信息有助于分析对手的攻防风格

通过观察对手的比赛录像和统计数据，可以了解他们在比赛中常用的防守策略、进攻模式及运动员的特点。例如，可以通过分析对手的前几场比赛录像来确定他们的主要进攻手段，进而制定相应的防守战术；还可以通过观察对手的比赛录像来发现他们的弱点，从而有针对性地进行训练和准备。

2. 收集对手信息有助于了解对方运动员的个人特点

在比赛中，每名对手都有自己的特点和技术特长。通过收集对方运动员的信息，可以更好地了解他们的特点，进而制定相应的防守策略。例如，如果对方团队有一名身体强壮、擅长内线得分的运动员，那么可以针对他的特点，在防守时加强内线的包夹和挡拆防守。

3. 收集对手信息可以帮助球队了解对手的战术体系

在比赛中，每支球队都有自己的战术体系。通过收集对手的信息，球队可以更好地了解对手的战术体系，分析对手的进攻套路和配合方式。这样一来，球队在防守时就能够提前判断对手的意图，并采取相应的防守策略。例如，如果对手经常采用快攻战术，球队可以在防守时加强篮下防守，尽量减少对手的快攻得分机会。

四、篮球防守战术训练原则和策略

(一) 防守训练原则

在进行篮球防守战术训练时，必须遵循一些基本的原则，以确保训练的有效性和实用性。以下是针对防守训练的几条重要原则。

1. 全面性原则

在防守战术训练中应注重培养运动员的全面防守能力，而不是仅仅关注某一特定技术或战术。运动员需要掌握各种防守技巧（如站位、贴身防守、换防、包夹等），以应对不同的对手和局势。通过全面训练，运动员能够更好地应对复杂的比赛情况。

2. 实用性原则

防守战术训练应以实际比赛中常见的情况和技术为基础。只有通过模拟真实比赛中的局面和情况，运动员才能更好地理解和应用所学的防守战术。例如，在训练中可以模拟对手的进攻组织、快速反击等场景，让运动员能够更好地反应和应对。

3. 个性化原则

每名运动员在防守技术和战术应用上都有一定的差异性，因此，在防守训练中应根据运动员的个人特点和能力进行个性化的指导和训练。有些运动员可能擅长贴身防守，而有些运动员更适合进行篮下扑救。通过个性化的训练安排，可以最大限度地发挥运动员的潜力和优势。

4. 一体化原则

防守不仅仅是个别运动员的责任，而且体现了整个团队的协作和配合。因此，在防守训练中应注重培养运动员之间的配合和默契。例如，通过训练赛等形式，锻炼运动员的战术配合、信息传递和防守组织能力，以确保整个团队的防守实力。

5. 循序渐进原则

防守战术训练，需要从简单到复杂、由易到难地进行。在最初阶段，可以先从基本的站位和贴身防守开始，再逐步引入更高级的战术和技巧。通过循序渐进的训练安排，运动员能够逐步提升防守能力，为后续的高强度比赛做好准备。

（二）针对性防守训练策略

通过针对性的训练，球队能够更好地应对对手的进攻，提高防守效果，从而增加比赛的胜算。

在进行针对性防守训练时，球队需要全面了解对手的进攻特点和战术安排。这包括对对手运动员的分析，如他们的身高、速度、技术特点及得分能力等。还需要对对手的战术进行分析，包括他们的战术体系、套路及常见的进攻模式。通过对对手的深入研究，球队可以有针对性地制定防守策略，针对对手的弱点进行有效的封堵。

在进行有针对性的防守训练时，需要针对不同的对手制定不同的策略。例如，面对身高优势明显的对手，球队可以采取密集的区域防守，有效限制对手在内线得分的机会；对于速度快、灵活性强的对手，球队可以加强外线防守，减少对手的投篮机会；通过灵活调整防守策略，使对手难以找到有效的进攻路径，从而提高球队的防守效果。

在进行有针对性的防守训练时，需要注重对运动员个人能力的提升。每名运动员在场上都有自己的特点，因此在训练中需要注重有针对性的培养。例如，对于速度较快的运动员，可以进行爆发力和侧移速度的训练，提高他们的针对性防守能力；对于身体强壮的运动员，可以注重力量训练，增强他们在防守中的抗压能力。通过对运动员的个别训练，能够更好地发挥其在防守上的优势，提高整体的防守水平。

（三）灵活性防守训练策略

灵活性防守训练策略旨在提高运动员在比赛中的适应能力和反应速度。在这种训练中，运动员需要快速识别对手进攻的变化，并迅速做出相应的防守动作。

灵活性防守训练的第一步是培养对对手进攻的观察能力和分析能力。运动员需要学会仔细观察对手的进攻方式、起跳点、传球路线等，从中寻找对手的弱点。这种观察和分析的能力是灵活性防守的基础。只有通过对对手的了解，运动员才能更好地做出反应。

在灵活性防守训练中，需要在防守动作上更加灵活多变。运动员需要通过多种防守姿势和技巧来应对各种对手的进攻。例如，面对速度较快的对手，运动员应选择快速移动脚步，保持站稳的同时紧密贴身防守；面对身体强壮的对手，运动员则应采取合理的站位和身体接触来限制对手的进攻。

灵活性防守的关键在于较快的反应速度和准确的判断力。运动员需要在短时间内做出正确的决策，选择最佳的防守策略。这就要求运动员在训练中进行大量的反应训练和模拟比赛，通过模拟各种局面来训练反应能力，从而能够在比赛中准确地判断对手的动作，并快速做出相应的防守。

灵活性防守训练包括团队间的配合训练。篮球是一项团队运动，运动员之间的配合至关重要。在防守中，运动员需要通过交流来密切协作，在对手突破或传球时迅速做出反应。因此，灵活性防守训练应包括团队间的配合练习。

第三节　篮球攻守转换战术训练

一、篮球攻守转换战术的重要性

攻守转换战术是指在抢断、防守反击或者球权转换的瞬间，迅速将进攻转化为防守或防守转化为进攻的战术策略。通过合理的转换战术，球队能够在短时间内迅速调整状态，抓住对手的失位并实施进攻，或者及时回应对手的进攻并完成有效的防守。因此，攻守转换战术对于比赛结果具有至关重要的影响。

攻守转换战术在篮球比赛中起着衔接进攻和防守的作用。当球队完成一次进攻后，立刻采取转换策略，尽快切换到防守状态，可以迅速控制住对手的进攻机会。同样，在防守结束后，球队要迅速转换为进攻，利用对手防守未组织好的瞬间，寻找得分机会。攻守转换的衔接能保持球队的持续攻势和压力，有效限制对手得分，并为球队争取更多的得分机会。

采用攻守转换战术，能够打破对手的防守体系，让对手无法及时组织有效的防守。当球队完成一次成功的抢断或防守反击后，往往可以形成人数上的优势，而对手由于之前处于进攻状态，在短时间内难以建立严密的防守体系。这时球队可以迅速将球传递到前场，并通过快速的配合和突破，制造更多的得分机会。同时，攻守转换战术会给对手带来心理压力，使其在防守时更加谨慎，以免防守质量下降，从而为我方球队创造更多得分机会。

攻守转换战术的运用能够提高比赛的节奏和速度。在快速进攻过程中，球队追求迅猛的速度和连续的传切配合，这种高强度的比赛方式往往会给对手造成很大的压力，增加其失误和犯规的可能性，从而进一步促使比赛的胜负结果产生变化。攻守转换战术的运用要求球队具备较高的体能水平和技术素质，能够在短时间内完成从进攻到防守的快速转换，这对于培养球队的整体素质和提高运动员个人能力都具有积极的意义。

攻守转换战术能促进团队协作。在攻守转换过程中，球队必须要求全体运动员积极参与和配合，每名运动员都必须迅速完成角色的转变和任务的执行。只有球队内部紧密团结和协作，才能够保证转换战术的顺利实施和取得良好效果。通过攻守转换战术的训练和运用，球队的团队协作能力会得到锻炼和提高，运动员之间的配合也会得到加强，这对于球队的整体表现和比赛结果都有非常重要的影响。

二、篮球攻守转换战术训练的任务

（一）提升运动员的攻守转换技能水平

在篮球比赛中，要使球队能够在攻守之间快速切换，并且保持高效率，就需要运动员具备出色的攻守转换技能。提升运动员的攻守转换技能水平是攻守转换训练的重要任务之一。

运动员需要具备优秀的跑动能力。在攻守转换过程中，球队需要迅速从防守状态切换到进攻状态，并尽快组建稳定的进攻体系。要做到这一点，运动员需要有较强的爆发力和较快的速度，能够迅速冲刺到前场，并与队友形成合理的配合。因此，在攻守转换战术训练中，需要加强运动员的跑动训练，提高他们的速度和爆发力。

运动员需要具备出色的传球和接球技能。在攻守转换过程中，传球和接球的准确性和速度直接影响球队的进攻效率。当球队从防守转变为进攻时，运动员需要迅速找到合适的传球机会，并准确地传给队友。而队友需要在快速奔跑中准确地接住球并进行进攻。因此，在攻守转换战术训练中，需要重点强化运动员的传球和接球技能，提高他们的反应速度和准确性。

在快速的攻守转换过程中，运动员需要迅速观察场上的局势，并做出合理的决策。他们需要快速判断最佳传球目标，或者直接选择进攻得分。因此，在攻守转换战术训练中，需要培养运动员的判断能力，让他们能够在高速运动中保持冷静和准确的判断。

拼搏和意志力也是提升运动员攻守转换技能水平的重要因素。在攻守转换过程中，运动员面对对手的施压，需要有坚定的意志和不屈的拼搏精神，才能保持高效率。因此，在攻守转换战术训练中，需要加强运动员的体能训练和心理素质培养——培养他们的坚毅精神和顽强意志。

（二）提高球队的攻守转换效率

一支能够快速、准确地进行攻守转换的球队，往往能够在比赛中抓住更多的机会，取得更好的成绩。因此，提高球队的攻守转换效率是每名教练都非常重视的任务。

为了提高球队的攻守转换效率，需要加强运动员的体能训练。篮球比赛中的攻守转换往往需要运动员快速奔跑和切换动作，因此，良好的体能水平对于运动员的攻守转换能力有至关重要的作用。教练应根据运动员的特点和位置，在训练中注重提升他们的爆发力、速度和耐力，使其能够更好地适应比赛中的攻守转换。

教练需要制定相应的战术方案，明确球队在攻守转换时的角色和位置，以便运动员能够迅速找到自己的位置并做出正确的决策。在训练中，教练可以通过模拟比赛场景，进行反复的攻守转换训练，让运动员逐渐熟悉和掌握各种战术策略，提高球队在攻守转换时的配合和执行能力。

（三）培养运动员的攻守转换意识

培养运动员的攻守转换意识可以提高球队的整体竞争力，使球队在比赛中能够更加灵活地调整战术，提高攻守转换的效率。

第一，通过战术训练来增强运动员的攻守转换意识。在训练中，可以通过模拟比赛场景，让运动员在攻守转换的情况下迅速找到最佳位置，判断对方进攻的意图，并做出相应的反应。通过不断重复这样的训练，运动员对攻守转换的反应能力得到提高，并形成一种本能的意识。

第二，借助技术训练来培养运动员的攻守转换意识。技术训练可以帮助运动员提高个人的技术水平，从而在攻守转换过程中更好地应对对手的进攻或者组织自己的进攻。例如，运动员可以练习快速传球和快速推进球的技术，以便在攻守转换时能够更快地将球传到前场或者发起快攻。运动员还可以通过练习防守技巧来提高在攻守转换时留意对手和封堵传球线路的能力。

第三，进行心理训练。篮球比赛的攻守转换瞬息万变，运动员需要具备快速做出决策的能力，并且具备较强的执行力。心理训练可以帮助运动员提高抗压能力，增强自信心，使其在攻守转换时能够保持冷静，做出正确的判断。

第四，通过观摩和分析优秀球队的比赛来培养运动员的攻守转换意识。观摩优秀球队的比赛可以帮助运动员学习他们的战术和技巧，并且可以观察他们在攻守转换时的表现和决策。通过观摩和分析，运动员可以借鉴优秀球队的攻守转换策略，同时提高自己观察和判断的能力。

三、篮球攻守转换战术训练的原则

（一）依据比赛实际制定训练原则

在进行攻守转换战术训练时，应根据比赛的实际情况制定相应的训练原则。比赛的实际情况包括比赛的特点、对手的水平、球队的整体实力等。通过深入了解比赛的实际情况，可以更好地制定训练原则，以达到提高球队战术素养的目的。

不同的比赛有不同的特点，如比赛的节奏、对手的防守风格、比赛的压力等。球队应根据这些特点来制定训练原则，以适应比赛的要求。例如，在快节奏的比赛中，球队可以强调快速的攻守转换，训练运动员的反应速度和转换能力；在面对防守强度较高的对手时，球队可以加强对运动员进攻组织和传球技术的训练，以应对对手的压力。

（二）结合球队特点定制训练原则

为了在篮球比赛中实现攻守转换的高效性，定制化的训练原则是必不可少的。每支篮球队都有自己的特点和风格，而在攻守转换战术训练过程中，结合球队的特点来定制训练原则可以发挥队伍的优势和个体运动员的潜力。

球队特点包括球队的整体实力、运动员的技术特长及身体素质等。这些特点可以为训练原则的定制提供重要的依据。一支技术出色但体能较差的球队，训练原则应着重在提高运动员技术水平的同时注重增强运动员的体能；而一支体能突出但技术相对较弱的球队，训练原则应侧重技术的训练和提高。

根据球队在攻守转换中的表现和需求，定制化的训练原则能够更有针对性地解决球队在比赛中出现的问题。例如，如果球队在攻守转换时常常出现错位或丢球的情况，训练原则可以重点放在提高运动员的意识和技巧上，以减少这些失误的发生；如果球队在攻守转换时缺乏高效的传球和配合，训练原则应注重加强运动员间的配合训练及进攻传导的思维训练。

球队的运动风格和战术体系是定制训练原则的重要依据。如果球队倾向于快攻、快速转换并寻求快速得分，那么训练原则应注重运动员的爆发力和速度训练，以及对快速反应能力的培养。如果球队更擅长防守反击、寻求抢断和快攻得分，那么训练原则应集中在防守和反击的训练上，以提高球队的进攻效率和防守强度。

（三）运动员个体差异与训练原则的调整

在进行攻守转换战术训练过程中，必须充分考虑运动员个体之间的差异，并相应调整训练原则，以确保训练效果的最大化。

不同运动员在体能、技术水平、身体素质等方面存在差异，因此应根据每名运动员的实际情况来制订个性化的训练计划。例如，对于体能较好的运动员，可以增加他们的训练强度和难度，以提高他们在攻守转换中的持续性和爆发力；对于技术水平较高的运动员，可以注重他们的技战术训练，以提高他们在赛场上的决策能力和执行力。

在进行攻守转换战术训练过程中，应根据运动员的身体素质特点来调整训练原则。例如，对于身体强壮、力量较大的运动员，可以加强身体对抗能力训练和爆发力训练，以使他们能够在攻守转换中更好地应对对手的防守压力；对于身体灵活、速度较快的运动员，可以注重灵活性和速度训练，以使他们能够在攻守转换中更好地抢断、反击。

在进行攻守转换战术训练过程中，应注意每名运动员的特点，包括他们的性格、思维方式等。有些运动员可能更擅长进攻，有些运动员可能更善于防守。因此，在训练中，应根据运动员的个性倾向，发挥他们在攻守转换中的优势。对于进攻型运动员，可以注重进攻技巧和进攻才能的训练，使他们在攻守转换中具备更强的得分能力；而对于防守型运动员，可以注重防守技巧和防守意识的训练，使他们在攻守转换中具备更好的防守能力。

（四）训练原则与训练效果的评估

训练原则是制定和执行攻守转换战术训练计划的重要依据。在训练过程中，不仅要关注训练的内容和方法，还需要对训练效果进行评估，以确保训练的有效性和高效性。

训练原则与训练效果的评估应该相互关联。也就是说，制定的训练原则与训练效果的评估指标应该是一致的，这样才能准确地评估训练的效果是否达到预期目标。例如，在攻守转换战术训练中，如果训练原则是提高球队在转换过程中的速度和准确性，那么在评估训练效果时，应该关注球队在比赛中转换时的成绩，如得分率或者失球率。

训练原则与训练效果的评估应该是量化的。只有通过量化的指标才能客观地评估训练的效果。例如，在攻守转换战术训练中，可以通过统计球队在比赛中的平均转换时间来评估训练的效果，或者通过比较球队在训练前后的得分率或失球率来评估训练的效果。只有通过量化的指标，才能明确地了解训练的效果。

训练原则与训练效果的评估应该是周期性的。由于攻守转换战术训练是一个长期的过程，因此不能只关注一次性的训练效果，而应该通过周期性的评估来全面了解训练的效果。周期性的评估可以帮助球队及时发现训练中存在的问题，并及时调整训练计划，以达到更好的训练效果。例如，可以在每个赛季末对球队进行一次攻守转换战术训练效果的评估，从而为下一个赛季的训练计划提供参考。

四、篮球攻守转换战术训练的策略

（一）建立全面的训练体系

为了有效地进行攻守转换战术训练，应建立一个全面的训练体系。这样的训练体系既要包括战术技巧的培养，也要包括身体素质的提升。在战术技巧方面，应该注重运动员的基本功训练（如传球、接球、投篮等），以确保运动员在比赛中能够有良好的执行能力。此外，还应该关注运动员战术意识和团队合作能力的培养，通过训练和比赛中的实践，让运动员能够准确地理解和执行转换战术。

在身体素质方面，需要注重运动员速度、爆发力和耐力的提升。攻守转换战术要求运动员能够快速地从进攻转为防守，或者从防守转为进攻，因此，他们需要具备良好的速度和爆发力来应对这样的转换。同时，由于攻守转换战术的节奏较快，运动员需要有较好的耐力来保持高水平的表现。因此，在训练中应注重运动员有氧和无氧能力的培养，通过适当的体能训练来提高运动员的身体素质。

在建立全面的训练体系时，应关注技术与战术的有机结合。除了纯粹的技术训练外，还应该通过对战术方案的研究和训练来提高运动员的战术执行能力。在训练中，可以通过模拟比赛场景，给运动员以更真实的比赛体验，让他们能够更好地应对攻守转换的情况。同时，可以通过战术演练和对抗训练来锻炼运动员的战术反应和决策能力，以提高他们在比赛中的应变能力。

（二）实施个性化的训练方案

由于每名运动员在技术、体能、智力等方面存在差异，因此，一个统一的训练方案并不能完全满足每名运动员的需求。因此，需要针对每名运动员的特点，制定个性化的训练方案。

1. 对运动员进行全面的技术评估

通过分析运动员的篮球基本功、特长技术和弱项，可以了解每名运动员在攻守转换中存在的问题和需要提升的能力。例如，有些运动员可能擅长突破进攻，但防守能力相对较弱，针对这样的情况，可以在训练中重点强化防守技巧和意识。

2. 根据运动员的特点，制定相应的训练目标

不同的运动员在攻守转换中有不同的表现目标，因此需要根据每名运动员的需求和战术定位，制定相应的训练目标。例如，对于后卫运动员来说，他们在攻守转换中需要具备良好的快速反应能力和灵活的技术应对能力；而对于前锋运动员来说，他们需要有良好的篮球技巧和优秀的篮下打击能力。

3. 根据训练目标，制定个性化的训练方案

个性化的训练方案需要根据运动员的特点和需求进行调整和安排。例如，对于技术娴熟的运动员，可以增加对抗性较高的训练内容，进一步提高他们的

应对能力和抗压能力；对于技术相对薄弱的运动员，可以增加基本功的练习，逐步提高他们的技术水平。

4. 根据训练方案的实施情况进行评估和调整

个性化的训练方案不是一成不变的，需要根据运动员的发展和训练效果进行及时的评估和调整。通过对训练数据和比赛表现的分析和反馈，可以及时发现问题，并做出相应的调整，以便更好地满足运动员的需求。

（三）融入科学的训练方法

科学的训练方法可以提高运动员的技战术水平，增强他们在比赛中的应变能力，从而实现更高效的攻守转换。下面介绍几种常见的科学训练方法。

1. 快速反应训练

在篮球比赛中，攻守转换的速度非常关键，运动员需要迅速做出反应，快速地转换进攻或防守。为了提高运动员的反应速度，可以采用一些有针对性的训练方法。例如，可以通过视觉训练来提升运动员的反应能力，让他们在看到信号后能够迅速做出反应；可以进行一些速度和敏捷性的训练，使运动员的身体能够更快速地响应攻守转换的变化。

2. 战术技术与体能训练的结合

在攻守转换过程中，运动员需要在疲劳状态下保持良好的技战术水平。因此，教练需要在训练中综合考虑战术技术和体能的训练。通过有针对性的技术训练，可以提高运动员的技术水平，使其能够在比赛中更好地应用战术。同时，通过体能训练，可以提高运动员的耐力和爆发力，增强他们在比赛中的持续性和爆发力。通过综合性的训练，运动员能够在高强度的攻守转换中保持一定的体能水平，从而更好地完成任务。

3. 团队合作训练

为了在攻守转换中保持团队的配合和默契，可以开展一些团队合作训练。例如，可以进行一些小组对抗训练，让运动员在有限空间内进行进攻和防守，加强团队的协作和沟通。此外，还可以进行一些团队战术训练，让运动员熟悉并掌握团队战术的要领。通过团队合作训练，运动员能够更好地理解和应用攻守转换战术，达到更好的整体战术效果。

第五章　高校篮球综合素质训练方法

第一节　高校篮球核心力量训练

一、高校篮球核心力量训练的重要性

核心力量训练能够提高运动员的身体稳定性和平衡能力。在篮球比赛中，运动员需要频繁地进行跳跃、转身、变向等动作，这些动作需要在稳定的身体基础上完成。通过核心力量训练，可以增强腹肌、脊柱肌群等核心肌群的力量和耐力，增强身体的稳定性，从而提高运动员在比赛中的动作控制能力。

核心力量训练对于运动员的爆发力和速度也有重要影响。在篮球比赛中，运动员需要在瞬间发力，进行加速、突破和冲刺。核心肌群作为身体力量的中心，参与身体各个部位的协调运动，是提高爆发力和速度的重要因素。通过核心力量训练，可以增强核心肌群的力量和协调性，提高爆发力和速度，使运动员在比赛中更具优势。

核心力量训练有助于运动员身体耐力和持久力的提升。在篮球比赛中，运动员需要进行长时间的奔跑、跳跃和防守，这对身体耐力和持久力提出了更高的要求。通过核心力量训练，可以提高躯干肌群的耐力和协调性，延缓疲劳的到来，从而使运动员能够更好地保持比赛状态，并在关键时刻保持出色的表现。

核心力量训练可以帮助运动员预防伤病的发生。核心肌群是人体稳定和控制运动的关键部位，包括腹肌、背肌、髂腰肌等。通过针对核心肌群的锻炼，可以提高运动员的核心稳定性和肌肉平衡性，减少因不稳定造成的意外拉伤或扭伤。此外，核心力量训练还可以增强运动员的身体支撑能力，减轻关节和骨骼的负荷，从而减少慢性损伤的发生。

核心力量训练有助于运动员的伤病恢复。在运动员受伤后，进行恰当的康复训练是非常关键的。核心力量训练可以通过增强肌肉和骨骼的稳定性，提高身体的功能性和耐力，促进伤病部位康复。此外，核心力量训练还可以提高运动员的身体姿势和运动技巧，减少因力量不足或运动失调引发的二次伤害。

二、高校篮球核心力量训练的原则

（一）个体化原则

核心力量训练的目的是培养高校篮球运动员的核心力量，而每名运动员的身体状况、训练目标和能力水平都存在差异。因此，个体化的训练方案是必不可少的。

个体化原则要求教练对每名运动员进行全面的身体评估。通过进行体型测试、力量测试、柔韧性测试等多种测试，可以全面了解每名运动员的身体状况。例如，有些运动员可能天生拥有较强的腹肌力量，而另一些运动员可能表现出较弱的背部力量。在了解运动员的身体特点后，教练可以根据每名运动员的需求量身定制训练计划。

个体化原则要求根据每名运动员的训练目标进行个别指导。有些运动员可能希望在比赛中表现出更强的爆发力，而另一些运动员可能更注重稳定性和耐力。针对这些不同的训练目标，教练可以有针对性地设计训练方案。例如，在爆发力训练中，教练可以采用一些高强度的爆发力训练动作，如蹲跳、舞蹈跳等；而在稳定性和耐力训练中，教练可以加入一些持久性的核心力量动作，如平板支撑、仰卧起坐等。

个体化原则要求教练在制订训练计划时考虑每名运动员的能力水平。有些运动员可能是新手，刚刚接触核心力量训练，而另一些运动员可能已经具备一定的训练基础。对于新手，教练应从基础开始，逐步引导他们进行核心力量训练；而对于已经具备一定训练基础的运动员，教练可以引入更加复杂和具有挑战性的动作，以进一步提升他们的核心力量水平。

通过个体化的训练方案，可以更好地满足每名运动员的需求，提升他们的核心力量水平，从而为他们在比赛中取得更好的成绩打下坚实基础。在制订核心力量训练计划时，教练应始终牢记个体化原则，确保训练方案的科学性和有效性。

（二）全面性原则

全面性原则强调训练应该注重全面发展，而不是局限于某个特定的区域或肌肉群。在高校篮球运动中，全面性的力量训练对于运动员整体素质的提升至关重要。

全面性原则强调训练应该涵盖身体的各个方面。除了核心力量的训练，运动员还应该进行其他方面的力量训练，如下肢力量、上肢力量和爆发力的训练。这样可以使运动员全面发展各个肌肉群，提高整体力量水平。例如，下肢力量的训练可以增强运动员的腿部肌肉力量，使其在篮球比赛中具备更强的冲击力和跳跃能力。

全面性原则包括对于不同动作和运动的全面训练。在核心力量训练中，应该涵盖不同的动作和运动，如腹部平板支撑、卷腹、俯卧撑等。这样可以让运动员身体的各个部分都得到很好的锻炼——不仅增强核心肌群的力量，还提高整体的运动能力和协调性。

全面性原则强调根据运动员个体的差异进行调整和适应。每名运动员的身体状况和体能水平都存在差异，因此必须根据个体的具体情况进行训练计划的制订。通过科学且个体化的训练计划，可以针对不同运动员的需求和潜力进行有针对性的训练，从而达到全面发展的目标。

全面性原则强调，核心力量训练的目的不仅包括提高力量水平，还包括提高整体的运动能力和表现水平。核心力量的应用在篮球比赛中是全方位的，它能帮助运动员更好地控制身体平衡，完成更复杂的动作。通过全面性原则训练，运动员可以提升整体的身体素质，从而提高在比赛中的竞技能力。

（三）进阶性原则

进阶性原则是指在进行核心力量训练时，需要根据个体的实际情况和不同阶段的训练目标，逐步提高训练难度和强度，以达到稳步提升核心力量的目的。

在进行核心力量训练时，应根据运动员自身的实际情况进行评估，并确定适宜的训练强度。这一评估包括对运动员体质、力量水平、技术水平等进行综合考量，从而确立合理的训练目标和计划。对于初学者或低水平运动员来说，可以从简单的核心力量练习开始，逐渐提高训练难度和复杂度，以循序渐进地提高核心力量。

进阶性原则要求在核心力量训练中采用多样化的训练方法和动作。单一的训练方法和动作选择容易导致训练的局限性和单调性，无法全面激活和发展核心肌群。因此，可以通过引入不同的器械、道具或者变化动作的顺序、角度等，使训练更有趣、更多样化，并且侧重不同的核心肌群，以达到全面发展核心力量的目的。

进阶性原则要求逐步增加训练的难度和强度。在运动员逐渐适应低强度核心力量训练后，应逐步增加训练的重量、持续时间或者增加训练强度的其他指标，以促进核心肌群的进一步发展和提高。适当的挑战和超负荷刺激可以激发身体的适应性和恢复能力，进一步提高核心力量的水平。

（四）安全性原则

毫无疑问，保护运动员的身体健康和避免运动损伤是任何训练计划的首要任务。核心力量训练中的安全性原则是为了确保运动员在进行训练时不会受伤。

第一，合理的训练计划和适度的训练强度是保证训练安全性的基础。训练计划应根据运动员的体质、训练水平和目标进行个体化设计，保证每名运动员在训练过程中都能够逐步适应和提高。此外，训练强度也应根据运动员的个体差异进行调整，避免强度过大的训练负荷对身体造成不良影响。

第二，正确的姿势和技术是保证训练安全性的关键。在进行核心力量训练时，运动员应掌握正确的姿势和技术，避免弯曲腰背、扭转关节等错误动作，以减少关节、肌肉和韧带产生损伤的风险。在训练过程中，教练应对运动员的动作进行及时纠正和指导，确保他们运动的正确性和安全性。

第三，进行适度的休息和恢复。在进行核心力量训练后，应给予运动员足够的休息时间，使身体得到充分的恢复。过度训练和连续的高强度训练可能会引起运动损伤和疲劳，因此要避免训练过程中的过度负荷，合理安排训练和休息时间，确保运动员在训练过程中保持身体的稳定和安全。

第四，设备和场地的安全也是保证训练安全的重要条件。在核心力量训练中，教练应确保所使用的训练器材和场地具备良好的安全性能，避免因设备损坏、场地不合适等原因导致训练中发生意外事故。教练还应定期检查和维护训练设备，确保其正常运行和安全使用。

三、高校篮球核心力量训练的方法

（一）静态平衡训练法

静态平衡训练法旨在提高运动员的平衡和稳定性。通过稳定身体的不同部位，静态平衡训练法能够帮助运动员在比赛中更好地控制身体姿势和保持稳定的节奏。这对于篮球运动来说尤其重要，因为在比赛中，运动员需要不断地变换姿势，并保持身体的平衡，以便更好地完成技术动作和应对对手的防守。

静态平衡训练法主要通过一系列特定的静态平衡动作来实施。其中最常见的静态平衡动作包括单腿站立、单腿深蹲、平板支撑等。这些动作要求运动员在稳定的基础上保持特定的身体姿势，不断挑战核心稳定性和平衡能力。通过反复练习这些动作，运动员的核心力量和平衡能力将得到提高。

在实施静态平衡训练法时，要注意以下几点。第一，训练强度和难度应逐渐增加，以适应运动员的能力水平。开始训练时，可以选择一些相对简单的平衡动作，然后逐渐增加运动员的挑战。第二，注意动作的正确性和稳定性，在训练过程中要细心观察运动员的身体姿势，及时纠正错误动作，确保训练效果最大化。第三，注意训练时间和频率。适度的训练频率可以帮助运动员更好地增强核心力量和平衡能力，同时避免过度训练导致的身体疲劳和潜在的损伤。

通过改善运动员的核心力量和平衡能力，静态平衡训练法可以提高运动员在比赛中的表现水平。例如，在持球突破时，稳定的身体姿势可以帮助运动员更好地保持平衡，并能够更好地对抗对手的防守。在跳投时，稳定的下半身核心力量可以帮助运动员更好地保持身体平衡，从而提高命中率。

（二）动态平衡训练法

动态平衡训练法主要通过模拟比赛中的各种动态平衡要求，以提高运动员在比赛中的平衡能力和稳定性。在进行动态平衡训练时，运动员需要在不断变化的环境中保持身体的平衡，并且能够迅速做出反应，应对不同的情况。

在动态平衡训练中，通常会利用一些特殊的训练器材来增加难度和挑战性。例如，使用平衡板、平衡球、悬挂器材等来提高运动员的平衡感和控制能力。这些器材可以模拟比赛中的动态平衡要求，使运动员在训练时面临更加真实的挑战。

在动态平衡训练中，可以通过结合其他训练元素来增强训练的效果。例如，可以结合力量训练、灵敏度训练和爆发力训练等提高运动员的整体素质。在进行动态平衡训练时，运动员需要在保持平衡的同时，迅速切换动作、做出快速的爆发，以提高比赛中的应变能力和反应速度。

动态平衡训练的目的在于培养运动员的核心力量和整体运动能力。通过持续的训练，可以提高运动员的平衡能力、协调能力和稳定性，从而提高其在比赛中的表现力。在篮球比赛中，运动员需要频繁地进行跑动、转身、变向等动作，这些动作都需要良好的平衡能力来支撑和保持稳定。因此，动态平衡训练在提高篮球运动员整体素质方面有着重要的作用。

动态平衡训练需要根据运动员的实际情况进行个性化的设计和调整。不同运动员在平衡能力方面存在差异，因此应根据运动员的具体需求和水平来制订训练计划。此外，训练过程中应注意安全，避免出现意外伤害。

（三）力量循环训练法

力量循环训练法是一种通过有针对性的动作组合，让肌肉群在不同的动作中相互配合，从而提高核心肌群的力量和协调性的训练方法。该方法的主要原理是通过快速而连贯的动作组合，将不同的力量训练动作相互结合，形成一系列的动作循环，从而达到全面锻炼核心力量的目的。

在力量循环训练中，可以选择一到两个主要的核心力量动作（如倒立、深蹲等），作为循环的基础动作。然后，将其他辅助和配合动作与基础动作相结合，形成一个完整的循环训练序列。这样的训练方法可以有效地训练核心肌群，并提高身体的稳定性和协调性。

在进行力量循环训练时，需要根据个人的具体情况和训练目标来选择合适的动作组合和训练强度。可以根据实际情况逐渐提高训练的难度和复杂度，增加循环的次数和速度，以达到持久的核心力量训练效果。

在力量循环训练中，要注重正确的姿势和动作技巧。只有保持正确的姿势和动作技巧，才能有效地促进核心肌群的力量发展，并减少受伤的风险。因此，在进行力量循环训练前，建议寻求专业教练的指导，并学习正确的动作执行方法。

力量循环训练法的优点在于它可以同时锻炼多个核心肌群，提高全身的力量和稳定性。在运用力量循环训练法过程中，可以根据个人的需求和目标进行灵活的调整和变化，逐渐增加训练的难度和复杂度，以适应不同水平的运动员。因此，力量循环训练法被广泛应用于高校篮球训练中，以提高运动员的核心力量水平，进而提升比赛表现和竞技能力。

第二节　高校篮球速度素质训练

一、高校篮球速度素质训练的重要性

速度素质直接影响运动员的比赛表现。在比赛中，快速的奔跑和迅猛的冲刺是取得胜利的关键。具备出色的速度素质能够使运动员脱离防守运动员的牵制，快速跑动并完成得分，有效地增加球队的得分能力。此外，速度素质还使运动员在防守时能够更好地追逐对手，封堵投篮和传球线路，从而有效地减少对手的得分机会。

速度素质对于高校篮球球队整体战术的实施具有重要的影响。在现代篮球比赛中，快攻战术成为球队争胜的关键之一。速度素质训练可以使运动员在比赛中迅速抢跑、推进球，形成快攻。快攻战术不仅能够迅速取得得分，还能扰乱对方的防守部署，打乱对方的防线，为球队创造更多的得分机会。因此，提高运动员的速度素质，对于球队整体战术的实施和取得胜利都有重大作用。

速度素质有助于运动员个体技术的发展和水平提升。在篮球比赛中，速度不仅体现在奔跑和冲刺上，也与灵活性和反应速度相关。通过加强速度素质训练，可以提高运动员的灵活性和敏捷性，使其能够更快地变向、运球和传球，更好地应对比赛中复杂多变的局面。这样，运动员能够更快地做出正确的判断和决策，提高比赛中的应变能力。

速度素质训练可以提高运动员的爆发力和加速度。在比赛中，运动员不仅需要快速改变方向和启动奔跑，还需要在瞬间迅速达到最大速度，这都离不开爆发力和加速度的支持。通过进行速度素质训练（如爆发力训练、加速度训练等），可以帮助运动员提高肌肉爆发力，使他们在比赛中更具有威胁性。

速度素质训练有助于提高运动员的灵活性和敏捷性。篮球是一项动作频繁、快节奏的运动，运动员需要具备良好的身体灵活性和敏捷性才能应对各种变化的情况。通过进行速度素质训练（如灵活性训练、敏捷性训练等），可以增强运动员的柔韧性和反应能力，提高他们在比赛中的灵活性和敏捷性，从而使他们更好地应对各种战术和对手的挑战。

速度素质训练在团队合作中也有重要的作用。篮球是一项团队比赛，运动员之间需要密切配合才能取得好的战绩。在速度素质训练中，常常会进行运动员间的合作练习（如接力训练、配合训练等），这有助于培养运动员的团队意识和协作能力，提高他们的团队配合能力。

二、高校篮球速度素质训练的目的

（一）提高篮球运动员的运动速度

篮球比赛是一项高强度的体育项目，快速的动作和灵活的身体反应是取得成功的关键。因此，提高篮球运动员的运动速度成为训练过程中的重要目标之一。运动速度的提升不仅能够帮助运动员更好地完成比赛中的各类动作，还能够增加他们的执行效率和比赛过程中的主动性。

在提高篮球运动员的运动速度时，还应关注基础动作的训练。正确、高效地跑步、转身、起跳等对于提高篮球运动员的运动速度至关重要。通过反复练习和不断调整，运动员能够逐步提高其基础动作的速度和准确性，从而为他们在比赛中的表现创造更有利的条件。

增加爆发力的训练。爆发力是指在瞬间迅速发力的能力，它是提高运动员速度的关键因素。通过进行爆发力训练（如快速起跳、加速冲刺等），能够有效提升运动员的爆发力和起跑速度。在比赛中，爆发力的提升能够让运动员更快地完成进攻、防守等动作，给对方制造更大的麻烦。

加强中长跑训练。中长距离的持续奔跑能够增强运动员的耐力和心肺功能，为他们在比赛中保持较快的速度提供支持。通过适当的中长跑训练，运动员能够增强肌肉和心血管系统的耐力，提高其在比赛中的持续高强度运动能力。

利用科学的力量训练方法。通过采用具有针对性的力量训练，运动员能够增强肌肉力量，从而提高整体的运动速度。在力量训练中，可以采用自由重量的训练、弹力带的训练等方式，以增加运动员的力量表现和速度发挥。

（二）提高篮球运动员的反应速度

反应速度快的运动员能够更加敏锐地捕捉到比赛中的变化，并迅速做出反应。因此，提高篮球运动员的反应速度是进行速度素质训练的一个重要目标。提高反应速度的具体方法如下。

1. 进行视觉训练

通过进行视觉训练，运动员可以提高对外界信息的感知能力。例如，通过接触快速动作的训练，可以有效提升运动员的眼球追踪能力和辨识能力。视觉训练的目的是让运动员能够更快地发现并判断比赛中的变化，以更好地做出反应。

2. 进行灵敏度训练

灵敏度是指运动员对于外界刺激的敏感度和反应能力。通过进行灵敏度训练，运动员可以提高神经传递的速度和反应的准确性。常见的灵敏度训练包括使用反应球进行反应训练、使用手眼协调训练器进行手眼协调训练等。采用这些训练方法，可以有效提高篮球运动员的反应速度和反应能力，使他们在比赛中能够更加迅速地做出正确的反应。

3. 进行认知训练

认知训练是指通过思维和决策的训练来提高运动员的认知能力和反应速度。例如，在训练中模拟比赛的情境，让运动员根据不同的局势做出正确的决策和反应。通过认知训练，运动员可以提高对于比赛中复杂情况的判断和反应能力，使自己在比赛中能够更加迅速地做出正确的决策。

三、高校篮球速度素质训练的原则

（一）针对性原则

针对性原则强调根据运动员的特点和训练目标对训练计划和方法进行个性化设计，以达到最佳的训练效果。高校篮球队中的每名运动员都有着不同的身体状况、技术水平和训练需求，因此，在进行速度素质训练时，遵守针对性原则显得尤为重要。

根据不同运动员的速度素质水平，确定合适的训练强度和难度。有些运动员可能已经具备较高水平的速度素质，他们可以承受更大的训练强度，需要进行更高难度的训练，以便进一步提高速度表现。而对于速度素质较低的运动员，训练强度和难度要适度，以防止过度训练引发不良的后果。

根据不同运动员的特点和需求，制订个性化的训练计划。例如，对于那些具备较高爆发力但缺乏耐力的运动员，可以通过短跑、爆发力训练和间歇训练等方式来提高他们的速度素质，并且重点关注快速起跑和反应能力的提高。而对于那些身体柔韧性较差的运动员，可以安排一些柔韧性训练来提高他们的运动表现。

针对性原则要求教练考虑到不同位置和不同角色的差异性。在篮球比赛中，中锋和前锋的速度素质需求有所不同。中锋更注重内线的力量和控制，前锋则需要更好的爆发力和突破能力。因此，在进行速度素质训练时，应根据运动员的位置和角色进行差异化的训练，以更好地满足他们在比赛中的要求。

在运用针对性原则时，要注重对运动员的个体差异进行细致观察和精确评估。只有充分了解每名运动员的个体差异，才能做出合理的训练安排，确保训练效果最大化。在训练过程中，可以通过一系列的测试和评估手段（如速度测试、爆发力测试等），对运动员的速度素质进行综合评估，并及时调整训练计划和方法。

遵循针对性原则，可以更好地满足运动员的个体需求，制订个性化的训练计划，并最终达到提高速度素质的目标。因此，作为教练和训练员，需要时刻牢记针对性原则的重要性，并在实际训练中加以应用和落实。只有这样，才能取得更好的训练效果，提升高校篮球队的整体竞技水平。

（二）逐步递增原则

逐步递增原则要求在训练过程中逐步增加训练的强度和难度，以促进运动员速度素质的不断提升。通过逐步增加训练量，可以使运动员的身体逐渐适应负荷，从而达到更好的训练效果。

在速度素质训练中，逐步递增原则的实施可以分为多个方面。

第一，训练的持续时间可以逐步增加。最初的训练可能只持续几分钟，而随着训练的进行，可以逐渐增加到十几分钟甚至更长的时间。这样可以增强运动员的耐力和持久力，提高他们在比赛中的持续运动能力。

第二，在速度素质训练中，训练的强度可以逐步增加。初期的训练可以从较低的强度开始，逐渐增加更高的强度。这样可以通过增加训练的重量、速度或者其他指标来实现。逐步提高的强度可以帮助运动员适应更高的训练水平，增加他们的力量和爆发力，提高他们的速度表现。

第三，在速度素质训练中，训练的难度可以逐步增加。开始时，可以选择相对简单的动作和技巧，然后逐步引入更复杂和高级的动作和技巧。这样可以帮助运动员不断挑战自己，提高他们的技术水平和反应能力。逐步增加的难度可以有效激发运动员的学习和进步的动力，促使他们尽快适应更高的训练要求。

逐步递增原则要求训练计划合理。教练要根据运动员的实际情况和训练目标制订相应的训练计划，其中包括训练的周期、阶段和次数等。通过合理安排，可以使训练效果最大化，保证运动员能够在适当的时间内提升速度素质。

（三）科学性原则

科学性原则是指训练应基于科学的理论知识和研究成果，采用科学的方法进行。在进行速度素质训练时，必须科学地设计和安排训练内容，以达到最佳的训练效果。

科学性原则要求深入了解篮球运动的速度素质训练理论。研究、阅读相关文献及借鉴前人的经验，能够了解到不同速度素质训练方法的优点和缺点，以及其适用的训练对象和情境。只有对理论有深入的掌握，才能针对不同的训练目标和群体，设计出具有科学性的训练方案。

科学性原则强调训练方法的科学性。在选择和应用训练方法时，需要注意其有效性和安全性。训练方法应基于科学研究，经过验证和实践，在训练中能够真正促进篮球运动员的速度素质提升。同时，要关注训练的安全性，避免运动员在训练过程中受伤。

科学性原则要求根据个体差异进行个性化训练。每个人的身体特点和能力水平都是不同的，所以在速度素质训练中，必须考虑个体差异，制订适合每个人的训练计划。这意味着教练需要对每名篮球运动员进行全面的评估和测试，了解其身体素质、运动技能和潜力等，以便为其设计出合适的速度素质训练方案。

科学性原则强调对训练过程的监测和评估。通过科学的监测和评估，教练能够了解训练效果的好坏，并对训练方案进行及时的调整和优化。监测和评估可以采用各种科学的测试方法（如跑步速度测试、爆发力测试、反应能力测试等），以便掌握运动员的训练进展。

四、高校篮球速度素质训练的方法

（一）有氧训练法

有氧训练法是一种通过有节奏的、持续较长时间的运动来提高运动员耐力和心肺功能的训练方法。有氧训练法不仅在篮球运动中有重要的作用，也在其他体育项目及健康促进中被广泛应用。

有氧训练法的基本原理是通过增加心血管系统的负荷与促进氧气运输来提高运动员的有氧能力。运动员在进行有氧训练时，身体会不断需求更多的氧气以满足活动时肌肉的能量需求。这样的训练能够使心脏更加强壮、肺活量增加，从而提高运动员整体的有氧代谢水平。

有氧训练法的训练方式多样，包括长跑、游泳、骑自行车等。在篮球运动中，可以运用一些有趣而富有变化的训练方式来进行有氧训练，如转盘跑、间歇跑等。这些变化丰富的训练方式不仅能够提高运动员的参与度，还能更好地锻炼运动员的耐力和灵活性。

有氧训练法的强度和持续时间应适应训练对象的特点和目标。初学者需要逐渐增加运动强度和时间，以适应身体的变化并避免受伤；高水平的运动员需要进行高强度和持续时间更长的训练，以进一步提高有氧能力。

在运用有氧训练法时，需要结合正确的运动技巧和呼吸方式。运动员在进行有氧训练时，需要掌握正确的呼吸技巧，使呼吸与运动的节奏协调一致。正确的运动技巧也能使运动员在训练中更有效地利用能量、减少运动阻力，提高整体的运动效果。

在实践中，教练应根据运动员的不同特点和目标，设计个性化的有氧训练方案，以达到最佳的训练效果。同时，要注意让运动员准确掌握正确的运动技巧和呼吸方式，从而保证训练的质量和效果。

（二）无氧训练法

无氧训练是通过短时间、高强度的运动来提高运动员的耐力、爆发力和速度表现。无氧训练主要注重高强度的肌力训练和短时间的爆发力训练，它可以有效提升运动员在篮球比赛中的速度表现。

在进行无氧训练时，要制订合理的训练计划和目标。根据运动员的个体差异和训练需求，确定相应的训练强度和训练频率。同时，要结合篮球比赛的要求和技战术特点，选择适合的训练方法和训练器械。

1. 间歇训练法

间歇训练法是一种通过高强度运动和短暂休息交替进行，模拟比赛中的短时间高强度运动和间歇情况的方法。例如，可以进行爆发力训练，让运动员以最快速度进行一段距离的冲刺，短暂休息后，再进行下一段冲刺。这样反复进行一定的次数，可以有效提高运动员的速度爆发力。

2. 特殊负荷训练法

特殊负荷训练法是指在训练中增加一些额外的阻力或负荷，使运动员在完成动作时需要更大的力量和速度。例如，可以使用负重训练器械或弹簧带来增加阻力，让运动员在完成冲刺或跳跃动作时感受到更强的负荷。这样的训练可以促使运动员提高力量和速度，并且增强其对抗阻力的能力。

无氧训练还可以结合其他训练方法，如爆发力训练和综合性训练。爆发力训练注重提高运动员的爆发力和加速能力，可以通过跳跃、爬坡、爬绳等训练动作来实现。综合性训练包括多个身体部位和多个动作模拟比赛情况的训练，如侧躺抬臂、俯卧撑、跳跃冲刺等。通过采用这些训练方法，能够综合提高运动员的速度和力量，为其在篮球比赛中的速度素质表现提供全面支持。

（三）技术动作训练法

技术动作训练法是一种通过有针对性的动作训练来提高篮球运动员速度素质的训练方法。这种训练的重点在技术动作的规范和细节上，通过反复练习，运动员的速度素质得到提升。

技术动作训练法要求运动员在进行训练时保持正确的姿势和动作。例如，在进行控球训练时，运动员需要保持身体的平衡，膝盖微屈，上体微倾，并掌握好控球的节奏和力量的运用。这样能够帮助运动员更加灵活地控制球，提高其速度和准确性。

技术动作训练包括快速转身和切换方向的训练。在篮球比赛中，运动员需要频繁地转身和切换方向，以迅速抢断或躲避对方的防守。因此，在训练中，可以通过模拟比赛中的场景，设置各种转身和切换方向的训练动作，让运动员在高速运动中快速反应并做出正确的动作。

技术动作训练法涉及腿部爆发力训练和协调性训练。在篮球比赛中，速度和力量的结合是十分重要的。因此，可以通过跳跃、冲刺等动作来训练运动员的腿部爆发力，增强他们的速度素质。同时，可以设置一些协调性训练动作（如在运动中变换节奏、频率，快速地进行传球和接球等），提高运动员在高速运动中的协调性和稳定性。

技术动作训练法是一种注重细节和高质量的训练方法。在训练过程中，教练需要密切关注运动员的动作，及时纠正不正确的动作，帮助运动员形成正确的动作记忆和运动模式。通过持续的高质量训练，运动员可以逐渐提高速度素质，并提升在比赛中的表现。

（四）抗阻力训练法

抗阻力训练法主要通过增加阻力来刺激肌肉力量的发展，从而提高运动员在赛场上的爆发力和加速能力。

在抗阻力训练中，常见的训练方式包括背负重物奔跑、使用弹力带进行速度训练及推拉训练等。这些训练方式都能够通过增加肌肉所承受的阻力，刺激肌纤维的收缩，从而增强肌肉力量，并提高运动员的速度表现。

在抗阻力训练中，可以针对不同的身体部位进行训练。例如，运动员可以通过使用负重背心进行背负重物奔跑训练，以增强下肢肌肉力量；使用弹力带进行速度训练，提高上肢的爆发力和加速能力；在推拉训练中，可以针对核心肌群进行训练，提高身体的稳定性和爆发力，进一步增强其速度素质。

在抗阻力训练中，需要合理控制训练强度和频率。训练的强度应根据个体情况和训练目标来确定，同时要确保肌肉得到足够的恢复时间。训练的频率也需要逐渐增加，以适应运动员的身体状况和提高其速度素质。

在抗阻力训练中，正确的姿势和技术动作非常关键。运动员在进行训练时，应保持良好的姿势，正确运用身体力量，使训练效果更加显著。此外，要注重训练的细节，注意力集中，确保每一次训练都能够达到预期的效果。

第三节　高校篮球耐力素质训练

一、高校篮球耐力素质训练的重要性

（一）有助于个人篮球技能的提升

个人篮球技能的提升是高校篮球耐力素质训练的重要目标之一。在篮球比赛中，出色的个人篮球技能不仅可以增加球队的胜算，还能为运动员个人在场上的良好表现发挥更大的作用。通过耐力素质训练，运动员的个人篮球技能得到提升，进而使球队的整体实力得到提高。

耐力素质训练有助于增强运动员的持久力和抗疲劳能力，这对于运动员在比赛中保持高水平的技术表现至关重要。在长时间的比赛中，运动员需要在持续的身体活动中保持技术动作的准确性和速度，这离不开耐力素质的支撑。通过耐力素质训练改善心肺功能，增强肌肉耐力，运动员可以在比赛中更好地完成各种技术动作，如带球、投篮、传球及防守等。

耐力素质训练可以提高运动员的速度和灵活性，进而促进个人篮球技能的提升。在篮球比赛中，运动员需要不断地变换方向和速度进行突破、接球和防守等动作，只有具备一定的速度和灵活性才能胜任这些技术要求。耐力素质训练可以增强肌肉爆发力，提高反应速度及身体的协调性和平衡能力，使运动员在比赛中更加灵活地完成各种技术动作和战术配合。

耐力素质训练可以增强运动员的专注力和心理素质，从而提高个人篮球技能。在激烈的比赛环境中，运动员需要面对各种困难，只有具备坚韧的心理素质才能应对挑战和保持高水平的技术表现。通过耐力素质训练，运动员不仅可以提高自身的耐心和毅力，而且可以增加对比赛的专注度和自信心，使自己在关键时刻能够做出正确的判断和决策。

（二）有助于团队竞技实力的增强

耐力训练可以增强运动员的持久力和耐心，使他们能够在比赛中保持高效率的表现。

在一场激烈的篮球比赛中，运动员需要进行持续的跑动、防守和进攻，这对他们的耐力有着较高的要求。经过系统的耐力素质训练，运动员可以逐渐改善心肺功能，提高耐力水平。这将使运动员能够忍受长时间的运动负荷，同时减少因疲劳引发错误的概率。这种稳定表现的能力对于团队在比赛中的胜利至关重要。

耐力素质训练有助于运动员之间配合默契，提升整体战术的效果。在比赛中，身体状况良好且具备较高耐力水平的运动员可以更好地跟上节奏，与队友进行紧密配合。他们能够更快地反应和移动，增加进攻和防守的机会。通过耐力训练，可以提高球队成员之间的默契度，使他们能够更好地理解彼此的动作和意图，形成更有效的配合。这种团队的默契度和协作能力是战胜对手的关键。

耐力素质训练对于球队成员的心理素质和信心也有积极的影响。长期的素质训练可以增强运动员的毅力和决心，使他们能够克服困难和挑战。在一场激烈的比赛中，球队将面临各种压力和逆境，身体上的疲劳可能会对运动员的信心和积极性产生负面影响。而耐力训练能够帮助运动员在体力方面更好地适应比赛的节奏，增强他们在关键时刻的决策能力和意志。这种心理素质的提升将为球队的成功打下坚实的基础。

（三）有助于个人身体健康

耐力训练的主要目的是提高运动员的体能水平，包括心肺功能、肌肉耐力等。长时间的有氧运动能够提高心肺功能，使心脏更加健康地工作，肺活量和呼吸效率也会得到提高。因此，进行高强度的耐力训练对个人的心肺健康非常有益。

耐力素质训练对个人的肌肉骨骼系统健康也有重要作用。在耐力训练中，运动员需要进行连续并持久的运动，这对肌肉的负荷是非常大的。长期坚持耐力训练能够增加肌肉的耐力，提高肌肉的爆发力，使运动员在比赛中能够更加持久地保持高水平的表现。通过耐力素质训练，可以增加骨密度，预防骨质疏松等骨骼健康问题的发生，从而减少运动员的运动损伤风险。

高校篮球耐力素质训练能够对个人的心理健康产生积极的影响。长时间的有氧运动能够促进身体内多巴胺类物质的分泌，从而改善运动员的情绪和心理状态。耐力训练要求运动员付出较长时间的努力，逐渐超越自己的极限，提高自己的耐力水平。这种持续的努力和不断的进步能够给予运动员积极的成就感和自信心，进而促进其心理健康发展。

二、高校篮球耐力素质训练的目的

（一）提高运动员的有氧耐力

有氧耐力是指在长时间高强度运动下，身体消耗氧气生成能量的能力。提高运动员的有氧耐力对于他们在篮球比赛中的持久性和耐力至关重要。有氧耐力训练主要通过有氧运动来实现，如长跑、游泳、跳绳等。其作用主要有以下几个方面。

第一，提高运动员的心肺功能。在有氧运动中，大量的氧气被送到肌肉中，帮助提供能量和延缓疲劳的发生。通过持续而适度的有氧训练，可以显著提高运动员的心肺功能，使他们能够在比赛中更长时间地保持高强度的表现。

第二，增强运动员的代谢能力。有氧运动会促进体内脂肪的代谢，使身体更有效地利用脂肪作为能源。这不仅有助于控制体重和脂肪含量，还可以提供更持久的能量供给，延长运动员在场上的表现时间。

第三，增强运动员的肌肉耐力。在有氧运动中，肌肉得到了充分的氧气供应，有助于减少乳酸生成，延缓乳酸蓄积。乳酸是运动过程中产生的一种代谢废物，会导致肌肉疲劳和酸痛。有氧耐力训练可以提高运动员肌肉的乳酸耐受能力，使其在比赛中能够坚持更长时间的高强度运动。

（二）提升运动员的无氧耐力

无氧耐力是指在无氧代谢条件下，运动员能够持续进行高强度运动的能力。提升运动员的无氧耐力对于他们在比赛中保持持久的爆发力和高强度的运动表现至关重要。为了达到这一目的，需要采取一系列科学有效的训练方法。

间歇性训练是指将高强度的训练负荷与休息相结合，通过重复进行一段时间的运动和休息，运动员的无氧能力得到充分的锻炼。例如，可以采用高强度的爆发力训练（如冲刺、跳跃等）。其特点是每次持续时间较短，但强度较大。在训练过程中，可以逐渐增加训练的组数和次数，以逐步提高运动员的无氧耐力水平。

有氧间歇训练是指通过有氧代谢系统进行运动，但在高强度运动过程中会有短暂的无氧代谢发生。这种训练模式可以有效提高运动员的无氧耐力。例如，可以采用高强度的有氧运动（如慢跑、游泳等）。其特点是每次持续时间较长，但强度适中。在训练过程中，可以根据运动员的实际情况，逐渐增加运动的时间和强度，以提高无氧耐力水平。

重负训练是指在运动过程中增加外界负荷的训练，它可以有效地激发运动员的无氧能力。例如，可以采用负重训练或者进行重量训练，在逐渐增加负荷的同时，提高运动员的无氧耐力水平。

训练时，要注意合理安排训练的节奏和周期性。应将无氧耐力训练与其他训练内容相结合，合理安排训练的强度和休息的时间，以确保运动员在训练过程中能够充分恢复并获得良好的适应效果。另外，需要确定具体的训练计划和周期，以确保运动员的无氧耐力能够在合适的时间内得到全面提升。

三、高校篮球耐力素质训练的原则

（一）连续性原则

连续性原则强调训练的连续性和持久性，即通过长期坚持训练才能有效提高篮球运动员的耐力素质。连续性原则的核心思想是逐渐增加负荷和时间，使训练效果能够持续稳定地提升。

为了贯彻连续性原则，需要确定合理的训练频率和训练周期。教练要根据运动员的实际情况和训练目标来设定训练频率。一般而言，每周进行 3～5 次的训练是比较常见的做法。教练要根据篮球赛季的具体情况对训练周期加以调整。通常情况下，耐力素质训练应在球季之前的准备期加以强化，利用比赛枯燥的休息期进行恢复性训练，以维持耐力水平。

在实施连续性原则的耐力素质训练中，有几个关键方面需要注意。一是逐渐增加训练负荷。开始训练时，运动员可以以较低的强度进行适应性训练，并逐渐增加训练时间和强度。二是因材施教。个体差异在耐力素质训练中是不可忽视的因素，因此需要根据运动员的个体情况来调整训练计划，确保训练的可持续性和有效性。三是合理安排训练周期的间隔。可以在恢复期进行适当的康复训练或低强度的活动，以避免在训练过程中产生疲劳和过度训练的现象。

连续性原则对于提高篮球运动员的耐力素质具有重要意义。通过连续性训练，运动员的心肺功能和肌肉耐力能够得到有效训练和提高，从而为其在比赛中持续高效的表现提供保障。同时，连续性原则也是培养篮球运动员坚毅精神和坚持不懈品格的重要原则。只有在经受长时间的耐力素质训练后，运动员才能够具备坚韧不拔的意志和持续努力的精神，从而取得更好的成绩。

通过合理安排训练频率和周期，并逐渐增加训练负荷，可以使运动员的耐力水平不断得到提升。因此，在耐力素质训练中应当充分重视和运用连续性原则，以取得更好的训练效果。

（二）科学性原则

科学性原则强调训练计划和训练方法的科学性，以及根据科学原理进行训练的重要性。只有通过科学的训练，才能更好地提高篮球运动员的耐力素质，进一步提升他们在比赛中的竞技能力。

1. 科学性原则要求在训练计划制订中必须有明确的科学依据

这意味着教练需要对篮球运动员的身体素质、运动机制及耐力训练的相关研究成果进行全面的了解和分析。只有根据科学研究的结果，结合运动员的特点和训练需求，制订科学合理的训练计划，才能确保训练的有效性和针对性。

2. 科学性原则要求训练方法和训练过程必须符合科学规律

在进行耐力素质训练时，运动员应采用合理的训练负荷和训练强度。这需要考虑运动员的个体差异、训练阶段及训练目标等因素，以便充分发挥训练的作用。科学性原则要求在训练过程中合理安排休息和恢复的时间，避免过度训练对身体造成过大负担。

3. 科学性原则强调训练方法的多样性和灵活性

对于耐力训练方法，教练应根据不同阶段的训练需求进行调整和改进。例如，在起步阶段可以采用逐渐增加训练负荷的逐渐递增法，以提高运动员的耐力底线；而在高水平训练阶段，可以采用间歇训练、阶梯训练等方法，以提高运动员在高强度长时间运动中的耐力水平。

只有通过科学的训练计划和训练方法，运动员才能有效地提高耐力素质，进而在比赛中发挥出更好的竞技能力。因此，在耐力素质训练过程中，教练和运动员应持续关注相关的科学研究成果，不断调整训练方法，以达到最佳的训练效果。只有这样，才能提高高校篮球队的整体竞技水平，取得更好的成绩。

四、高校篮球耐力素质训练的方法

(一) 长距离慢跑训练法

通过进行长时间的慢跑训练，可以提高高校篮球运动员的耐力水平和心肺功能，从而为比赛中的持久发挥提供坚实基础。

长距离慢跑训练法是一种注重持久时间和中低强度的慢跑运动。这种训练方法要求运动员以较缓慢的速度进行长时间的慢跑，通常在 15 分钟到 1 小时之间。在这个过程中，呼吸和心脏会逐渐适应长时间的运动负荷，从而提高心肺功能和耐久力。

长距离慢跑训练法要求运动员运用正确的呼吸技巧。在慢跑训练中，运动员应采用深呼吸和节奏稳定的呼吸方式。良好的呼吸技巧可以有效地将氧气输送到肌肉组织中，延缓肌肉疲劳的产生，提高身体耐力。

长距离慢跑训练法要求运动员根据个人情况调整训练强度和距离。在训练的初始阶段，可以适当增加训练时间和距离，让身体适应慢跑运动的负荷。随着训练的进行，可以逐渐增加训练强度，利用心率监测来确保训练的科学性和有效性。运动员应根据自身情况制订个性化的训练计划，避免过度训练和受伤。

在运用长距离慢跑训练法时，需要与其他训练方法结合使用，以达到最佳训练效果。例如，可以将长距离慢跑训练与高强度间歇训练相结合，通过不同强度的训练交替进行，提高身体的适应性和耐力水平。此外，还可以结合负重训练或游泳耐力训练等其他方法，以达到全面提高耐力素质的目的。

长距离慢跑训练法是一种重要而有效的耐力素质训练方法。通过依靠持久时间和中低强度的慢跑运动，正确运用呼吸技巧，调整训练强度和距离，并与其他训练方法结合使用，可以提高高校篮球运动员的耐力水平和心肺功能。运动员在训练过程中要合理安排训练计划，注重个性化的调整，以达到最佳的训练效果。

（二）高强度间歇训练法

高强度间歇训练法通过交替进行高强度运动和短暂休息，可以促进心肺功能的改善，提升运动员的耐力水平。

高强度间歇训练法的核心思想是在高强度运动时，使运动员的心肺负荷接近最大心率，从而促进心肺功能的适应性改善。在具体训练过程中，可以采用跑步、游泳、跳绳等作为主要训练方式。

高强度间歇训练法的训练过程包括短时间的高强度运动和相对较长的休息。教练可以根据运动员的实际情况对每次运动时间和休息时间的比例做适当调整。一般来说，高强度运动时间控制在1～2分钟，休息时间为运动时间的一半或时间稍长。

在进行高强度间歇训练过程中，运动员需要注意控制好自己的呼吸和心率，保持良好的姿势和动作技巧。同时，为了避免过度疲劳和受伤，训练量和强度要逐渐增加，训练周期和频率也需要适当调整。

高强度间歇训练法对提高篮球运动员的耐力素质具有明显的效果。通过适当的训练计划和方法，运动员的肌肉耐力、心肺功能和运动能力都会得到显著提升。这对于运动员在比赛中的持续发力和提高抗疲劳能力具有重要意义。

（三）负重训练法

负重训练法是一种通过给运动员增加额外的负荷来提高他们耐力水平的训练方法。这种方法在高校篮球耐力素质训练中有重要的作用。负重训练法的原理是通过逐渐增加负荷的方式，逐渐提高身体的耐力水平。

在负重训练法中，常见的负荷方式包括背负沙袋、穿负重背心或者背负哑铃等。运动员可以根据自身情况和训练目标选择适合的负荷方式。负重训练法的优点在于可以通过增加负荷来增强肌肉的力量和耐力，从而提高运动员的耐力素质。

在进行负重训练法时，需要注意以下事项。第一，负荷的增加应该是逐渐的，不能过于急躁，以免引起运动伤害。第二，负重训练应该针对特定的肌肉群进行，以增强相应的肌肉力量和耐力。第三，训练时，应注意正确的姿势和动作，保护好关节和肌肉。同时，适当休息和恢复是负重训练的重要部分，以免过度训练导致身体的疲劳和损伤。

在负重训练法的实施过程中，可以根据运动员的实际情况进行调整和变化：可以逐渐增加负荷的重量和训练的时间，以逐渐提高身体的耐力水平；可以结合其他耐力训练方法，如高强度间歇训练法或游泳耐力训练法，以达到更好的效果。

（四）游泳耐力训练法

游泳作为一项全身性的有氧运动，对提高篮球运动员的耐力素质具有重要意义。游泳耐力训练，可以有效增强运动员的心肺功能，提高耐力水平。

游泳耐力训练法注重长时间持续游泳，以增强运动员的心肺功能。在训练中，可以采用不同的游泳方式（如蛙泳、自由泳、仰泳等），以增加训练的变化性和趣味性。通过控制游泳的速度和距离，可以逐渐提高训练的强度和持续时间，达到提高耐力水平的效果。

在游泳耐力训练中，可以通过间歇性训练来提高运动员的耐力。在训练过程中，可以设置一定的间歇时间，让运动员在保持一定强度的游泳训练后休息，以恢复体力，然后再次进行游泳训练。这种间歇性的训练可以有效提高运动员的乳酸耐受能力，延缓肌肉疲劳的产生，从而增强运动员在比赛中的持久力。

负重训练也是游泳耐力训练法的一种重要方式。通过在游泳训练中添加负重装备，可以增加训练的难度和阻力，进一步提高运动员的耐力水平。同时，负重训练可以增强运动员的肌肉力量和爆发力，对于提高比赛中的起跳力也非常有益。

在游泳耐力训练中，可以通过设定不同的训练计划和训练阶段，达到更好的训练效果。在训练计划中，可以根据运动员的实际情况，确定适当的强度和时长，保证训练的科学性和可操作性。在训练的各个阶段，可以根据不同的训练目标（如增强持久力、提高速度等），设定相应的训练内容和强度，使训练更加有针对性。

第四节　高校篮球灵敏素质训练

一、高校篮球灵敏素质训练的重要性

灵敏素质是指篮球运动员在比赛中迅速反应、敏捷灵活的能力，它是决定篮球运动员表现的重要因素之一。灵敏素质训练的重要性不容忽视。

灵敏素质的提高可以大大增强篮球运动员在赛场上的竞争力。在比赛中，场上局势瞬息万变，需要运动员快速做出反应，灵敏地抢断、传球或者出手。只有具备良好的灵敏素质，才能在竞争激烈的篮球比赛中保持优势。

灵敏素质训练对于预防运动伤害具有重要作用。篮球运动员在比赛中需要频繁地做跳跃、奔跑、变向等动作，而这些动作对身体的灵敏度有很高的要求。若灵敏素质不足，运动员在执行动作时容易出现反应迟钝、协调性差等问题，从而增加运动伤害的风险。而通过灵敏素质训练，可以提高运动员的肌肉反应速度、协调性和平衡感，有效预防运动伤害的发生。

灵敏素质的提高可以改善篮球运动员的技战术水平。在篮球比赛中，灵敏的身体和快速的反应可以帮助运动员更好地应对防守和进攻的局面。在防守上，灵敏的身体可以让运动员更好地变向、拦截和抢断对手的球权；在进攻上，通过灵敏的反应和敏捷的动作，运动员可以更好地运球、突破和投篮。因此，灵敏素质的提高将直接促进篮球运动员技术的进步，提升整体的竞技水平。

灵敏素质训练可以提高篮球运动员的反应速度和敏捷性，使他们能够快速做出正确的反应。在比赛中，运动员需要快速地转换方向、突然停顿或加速，并且在瞬间做出正确的判断。通过灵敏素质训练，提升运动员的身体协调性和反应能力，能够帮助他们更好地适应比赛的变化。

灵敏素质训练可以提高篮球运动员的爆发力和爆发力持久性。在篮球比赛中，爆发力是非常重要的，它可以决定运动员是否能够在紧要关头突破对方的防守或者争夺篮板。通过灵敏素质训练，提高运动员的肌肉反应能力，能够帮助他们更快地释放出自己的力量，使跳跃更具威力。而通过持续的灵敏素质训练，使运动员的肌肉耐力也得到提高，有助于他们在比赛中保持更长时间的高强度表现。

灵敏素质训练可以提高篮球运动员的协调能力和平衡感。在篮球比赛中，运动员需要做出精准的动作和传球，这要求他们具备良好的协调能力和平衡感。通过灵敏素质训练，提高运动员的身体控制能力和平衡能力，有助于他们更好地掌控自己的身体，在比赛中更加稳定和自如地完成各项动作。

二、高校篮球灵敏素质训练的目的

（一）提高篮球运动员的反应速度

篮球作为一项快节奏、高强度的运动项目，对运动员的反应速度要求极高。提高篮球运动员的反应速度是灵敏素质训练的一个重要目标。通过系统的训练方法和科学的训练计划，可以有效地提升运动员的反应速度。

要提高篮球运动员的反应速度，需要培养他们的观察力和感知能力。篮球比赛中，往往需要在短时间内做出正确的反应，因此运动员需要快速而准确地观察比赛现场的变化，并迅速做出决策。为了培养运动员的观察力和感知能力，可以进行各种训练（如观察比赛画面、观看录像回放、模拟比赛情景等），帮助运动员学会在短时间内迅速捕捉到比赛中的关键信息。

要提高篮球运动员的反应速度，需要通过反应训练来提升。反应训练可以分为心理反应和身体反应两个方面。心理反应主要是指运动员在面对比赛情况时的思维速度和反应能力。身体反应是指运动员在比赛中的身体动作反应速度。针对心理反应，可以通过心理训练来提升运动员的思维速度和反应能力，如注意力集中训练、决策速度训练等。而身体反应需要通过身体协调和敏捷性训练来提升。常见的身体反应训练包括跳跃训练、变向跑训练、手眼协调训练等，这些训练可以帮助运动员在比赛中快速做出反应。

还有一种有效提高篮球运动员反应速度的方法是模拟比赛情景的训练。在训练中，可以模拟各种可能出现的比赛情景，通过不同的训练方法和训练器械，让运动员在比赛情况下进行训练，提高他们在比赛中的反应速度和应变能力。例如，设置不同的障碍物，让运动员进行突破训练；设置不同的目标，让运动员进行射门练习等。通过采用这种训练方法，可以增加运动员的紧迫感和应激反应能力，让他们能够更好地适应比赛的快节奏和高压环境。

（二）提升篮球运动员的动作变化能力

篮球是一项快节奏、变化多样的运动项目，运动员在比赛中需要根据不同的情况进行迅速的动作变化。

动作变化能力是指在篮球比赛中，运动员能够迅速变换姿势、切换动作的能力。这种能力的提升对于提高运动员的整体技术水平和应对对手的防守战术至关重要。通过灵敏素质训练，篮球运动员可以提高其动作的变化性、变化速度和变化幅度，从而更好地应对比赛中不断变化的情况。为了提升动作变化能力，篮球运动员可以通过以下方法进行训练。

1. 增加动作的变化性

在训练中可以引入各种不同的动作，如快速转身、突然停顿、迅速起跳等。通过反复练习，运动员可以逐渐适应各种变化，提高其动作的灵活性和多样性。

2. 提高变化速度

动作变化的速度是衡量一名篮球运动员灵敏程度的重要指标。通过进行快速的动作变化训练（如快速的变向、快速的防守转换等），运动员可以加快动作反应速度和执行速度，提高对比赛中变化情况的应对能力。

3. 增加变化幅度

动作变化幅度的增加可以增强运动员的突破力和变向能力。在训练中，可以通过增加动作的幅度和挑战性来逐步拓展运动员的动作范围和极限。这样一来，运动员在比赛中能够更好地应对对手的防守，提高其得分能力和对抗能力。

通过提升篮球运动员的动作变化能力，可以增强其应对比赛中复杂多变情况的能力。动作变化的灵活性和多样性使运动员能够在比赛中迅速做出反应和适应变化，从而提高其整体的比赛水平。

（三）锻炼篮球运动员的协调能力

篮球是一项需要高度协调的运动项目，篮球运动员的协调能力对于他们在比赛中的表现至关重要。通过合适的训练方法，可以有效提高篮球运动员的协调能力。

1. 提高身体各部位的协调能力

在训练中，可以通过进行各种动作组合练习（如踢腿、转身等），来增强身体各部位的协调性；还可以结合平衡器械的使用，进行一些平衡练习（如单脚站立、平衡球训练等），以进一步提升运动员的身体协调能力。

2. 加强眼手协调

在篮球比赛中，运动员需要精准地做接球、传球、投篮等动作，而眼手协调能力的强弱直接影响着这些动作的完成质量。因此，可以通过一些技巧练习（如反应球练习、握球练习等）来加强眼手协调训练。这些练习有助于运动员对球的运动进行准确判断和实现手眼的协调配合。

3. 培养团队合作意识和协调能力

篮球是一项团队合作的集体项目。良好的协调能力可以使运动员在比赛中更加默契地配合。因此，在训练中，重视团队合作意识的培养，开展团队合作练习（如传接球配合训练、战术配合训练等），可以有效提高篮球运动员的协调能力。

三、高校篮球灵敏素质训练的原则

(一) 渐进连续原则

渐进连续原则强调在进行灵敏素质训练时逐渐增加难度，以实现训练效果的最大化。

渐进连续原则要求训练者在训练过程中逐步增加训练的强度和难度。这意味着在开始进行灵敏素质训练时，可以采用一些简单的动作和技巧，以逐渐培养和提高运动员的敏捷反应能力。随着训练的深入，训练的难度应逐渐增加，如增加动作的复杂性、增加训练的时间和强度等。这种渐进增加的方式可以使运动员逐步适应训练的挑战，并取得更好的训练效果。

渐进连续原则要求训练具有连续性。连续性的训练可以帮助运动员更好地保持训练效果，并提高训练的稳定性。在灵敏素质训练中，运动员需要通过短暂的间歇来保持训练的连续性。同时，适当的间歇可以帮助运动员恢复体力，减少疲劳，为下一轮训练做好准备。在实际训练中，可以根据运动员的实际情况和训练目标，合理安排训练间歇的时间和方式。

渐进连续原则要求训练者在训练过程中注重训练的变化和个性化。每名运动员在灵敏素质方面的起点和潜力都存在一定的差异。因此，在制订训练计划时，需要根据运动员的特点进行个性化的训练安排。可以根据运动员的实际水平和需要，选取不同的训练方法和训练负荷，以达到最佳的训练效果。

（二）全面发展原则

全面发展原则是指在进行高校篮球灵敏素质训练时，注重全面而均衡地发展运动员的各项灵敏素质。这一原则的重要性不可忽视，它直接关系到运动员在比赛中的表现和成绩。全面发展原则的核心是综合训练运动员的身体各部位及各项灵敏素质，使其能够在比赛中随时应对各种变化和挑战。

在进行全面发展训练时，需要注重运动员身体各部位的平衡发展。篮球运动是一项全身性的运动项目，各个身体部位的协调配合是有效提高整体灵敏素质的关键。训练时，不能只注重某个部位的训练而忽视其他部位，而是要通过综合训练，使运动员的上肢、下肢、躯干等身体部位能够协调运动，达到最佳的灵敏素质水平。

在运用全面发展原则时，要注重各项灵敏素质的均衡发展。灵敏素质训练不仅仅局限于速度、灵敏度等因素，还包括眼手协调、反应能力、敏捷性等多个方面。如果只注重某一方面的训练，很可能导致其他方面的素质下降，影响整体的灵敏素质水平。因此，在训练中要综合考虑各项灵敏素质的培养，做到均衡发展，使运动员具备全面的灵敏素质。

全面发展原则要求注重运动员身体素质和技术水平的共同提高。身体素质和技术水平是相互依存、互相影响的。如果只注重身体素质的发展而忽略了技术水平的提升，那么运动员在实际比赛中可能无法将身体素质充分展现出来。相反，如果只注重技术的培养而忽视了身体素质的训练，那么运动员可能在激烈的比赛中无法保持良好的状态。因此，在进行全面发展的训练时，需要将身体素质和技术水平相互结合、相互促进，使运动员能够全方位地应对比赛中的各种情况。

在进行全面训练中，还需要注重个体差异，并进行有针对性的培养。每名运动员的身体素质和能力都是不同的，因此在训练中不能采用"一刀切"的方式，而要因材施教，根据每名运动员的实际情况进行个性化的训练。有些运动员可能在某些方面有较大的潜力和优势，而在其他方面可能相对较弱，因此需要有针对性地对其进行训练，以最大限度地发挥每名运动员的潜力。

四、高校篮球灵敏素质训练的方法

灵敏素质是篮球运动员快速、准确、协调地改变身体位置、运动方向和随机应变的能力，是篮球运动员必备的素质之一。通过专门的灵敏素质训练，篮球运动员可以更好地适应比赛节奏，提高技术运用效果，增强竞技能力。

以下是一些详细的高校篮球灵敏素质训练方法。

跳绳训练。这是一种简单但高效的训练方法。运动员可以通过不同的跳绳动作（如单脚跳、双脚跳、交叉跳等），来提高脚部的协调性和身体平衡感。跳绳时，运动员需要保持高度的专注力和反应速度，这有助于他们在比赛中更好地应对突发情况。

敏捷梯训练。敏捷梯是一种常用的训练工具。运动员可以在梯子上进行各种步伐的移动，如前后交叉步、侧向移动等。这种训练不仅可以提高运动员的脚步灵活性，还可以增强他们的身体协调性和反应速度。

多变性组合训练。这种训练方式结合了多种篮球动作（如运球、传球、投篮等），让运动员在模拟比赛情景中进行训练。通过不断变化动作和节奏，运动员需要在短时间内做出反应和决策，从而提高他们的灵敏素质。

视觉和反应训练。利用反应球、信号灯等工具进行训练。运动员需要在看到信号或球弹起的瞬间迅速做出反应。这种训练可以锻炼运动员的眼手协调和反应能力，使他们在比赛中更加敏锐地捕捉战机。

柔韧素质训练。通过进行拉伸、屈臂、转体等练习，提高关节的活动幅度和肌肉的柔韧性。柔韧素质的提高有助于篮球运动员更好地完成技术动作，减少运动损伤的风险。

心理训练。篮球运动中的快速反应和灵敏度与运动员的心理素质密切相关。因此，心理训练也是提高灵敏素质的重要方法。通过冥想、放松训练和心理暗示等方法，可以培养运动员的专注力以及应对压力、保持冷静的能力，从而提高他们在比赛中的灵敏度和反应速度。

在训练过程中，需要注意以下几点：训练强度应适中，避免过度疲劳导致受伤；训练内容应多样化，避免单一重复导致厌倦；训练应与比赛实际相结合，模拟比赛情景，提高实战能力；注重个体差异，根据运动员的特点和需求制订个性化的训练计划。

第五节　高校篮球柔韧素质训练

一、高校篮球柔韧素质训练的重要性

（一）提高运动员运动效能

通过柔韧素质训练，运动员可以提高肌肉和关节的灵活性，使运动幅度更大。在比赛中，这将使运动员更具爆发力和灵敏性，在运动中更加自如地完成各种动作。

柔韧素质训练有助于改善运动员的姿势控制和身体稳定性，从而提高运动员的动作准确性。通过增加肌肉的弹性和柔韧度，运动员在进行各种技术动作时能够更好地控制身体的姿势，保持平衡，避免姿势失控和动作失误。在比赛中，这将使运动员更加精准地完成投篮、传球、运球等技术动作，提高整体的比赛表现。

柔韧素质训练能够增加运动员的肌肉弹性和柔软度，从而提高肌肉的收缩和伸展性。这将使运动员在比赛中更好地发挥肌肉的力量，提高运动员的爆发力和加速度。无论是突破对手防守还是防守对手的进攻，柔韧素质高的运动员都能够更有效地利用肌肉的力量和爆发力进行身体的快速动作，取得更好的运动成绩。

（二）预防运动损伤

柔韧素质训练可以帮助运动员提高身体的灵活性和可塑性。运动员在进行柔韧素质训练时，会通过一系列的动态和静态伸展动作，扩大其关节运动范围和增强肌肉弹性。这样一来，运动员的身体在运动时就会更加灵活，减少身体僵硬和拘束导致运动损伤的风险。

柔韧素质训练可以增强运动员的肌肉协调性和平衡能力。不同的柔韧度训练方法（如平衡训练、协调性训练等），可以促使运动员各个肌肉群之间的协调性得到提高。这对于预防运动损伤尤为重要。因为当肌肉群之间的协调性不够好时，运动员在进行高强度运动时容易产生不良的姿势与动作，从而增加受伤的风险。

柔韧素质训练可以增加运动员的身体稳定性和关节稳定性。通过进行有针对性的柔韧度训练，可以扩大运动员关节的运动范围和增加稳定性，减小关节受伤的概率。尤其对于篮球这种激烈的对抗性运动项目来说，关节的稳定性非常重要，只有关节稳定性得到保证，运动员才能在激烈的比赛中更好地承受外力冲击，降低受伤风险。

柔韧素质训练提高运动员的灵活性、协调性和稳定性，可以有效预防运动损伤的发生。只有在身体状况良好的前提下，运动员才能充分发挥自己的潜力并取得优异的运动成绩，这也是柔韧素质训练的重要意义。因此，在高校篮球训练中，应高度重视柔韧素质训练，并将其纳入团队训练计划当中，为运动员的身体健康和竞技表现提供更好的保障。

（三）提高运动员身体适应度

通过柔韧素质训练，可以有效提高运动员的身体适应度，使他们能够在各种运动环境下适应并应对变化。

柔韧素质训练能够帮助运动员提高身体的协调性。在篮球比赛中，运动员需要控制自己的身体，并在各种动作中保持平衡。柔韧素质训练可以使运动员的身体各部位得到充分的协调，提高身体各个部位之间的配合度。这样一来，运动员在比赛中就能够更好地提高自己的身体控制能力，保持身体的稳定性，从而更好地应对比赛中的各种情况。

柔韧素质训练有助于增强运动员的心肺功能和耐力。在篮球比赛中，需要不断奔跑、跳跃、变向等，对身体的耐力有很高的要求。柔韧素质训练可以增强运动员的心肺功能，使其能够更好地适应比赛中的高强度运动，延迟疲劳的产生，同时使运动员在比赛中有出色表现。

二、高校篮球柔韧素质训练的原则

（一）针对性原则

在高校篮球柔韧素质训练中，针对性原则的核心是根据每名运动员的具体情况和需求，制订个性化的柔韧度训练计划，使其能够更好地适应比赛的需要。

第一，根据运动员的年龄、性别等因素，确定训练的重点和方向。不同年龄段的运动员柔韧度水平存在差异，因此需要有针对性地训练，以满足其年龄阶段的需求。性别也会对柔韧素质训练产生影响，女性的柔韧度往往较男性更为突出，因此在训练中需要根据性别特点进行差异化的安排。

第二，针对个体运动员的特点制订具体的训练计划。每名运动员的身体柔韧度存在差异，有些人身体柔软，柔韧度较好；而有些人的身体相对较硬，柔韧度较差。因此，在训练中需要根据个体差异设置相应的训练强度和频率，以实现最佳的训练效果。

第三，根据不同位置和角色的需求，设置相应的柔韧度训练内容。篮球运动中，不同角色对柔韧度的要求也有所不同。例如，后卫和前锋在突破和变向动作中更需要柔韧的身体，而中锋更需要柔软的腰部和下肢来完成跳跃动作。因此，在训练中需要根据不同的角色制定不同的训练方案，以满足其特定的柔韧度需求。

第四，持续监测和调整。在训练过程中，需要对运动员的柔韧度进行定期监测和评估，以了解训练效果，并及时进行调整。如果某名运动员的柔韧度有较快的提升，那么可以适当增加训练强度，提高训练难度，以获得更好的训练效果。反之，如果某名运动员的柔韧度提升较慢，那么需要对训练计划进行调整，采取更适合他的训练方法。

（二）连续性原则

连续性原则是指在进行柔韧素质训练时需要保持持续性和连续性，以保证训练效果的最大化。连续性原则对于高校篮球运动员的柔韧素质训练来说尤为重要。这是因为，只有在持续性的训练下，运动员的柔韧度才能够得到有效的提高和保持。

连续性的训练能够帮助运动员逐渐适应身体的变化和运动的需求。在篮球比赛中，运动员需要频繁地进行起伏、转身、跳跃等动作，而这些动作都需要运动员具有一定的柔韧度。通过连续性的柔韧度训练，运动员的身体逐渐适应这些动作的变化，从而能够更加灵活地应对比赛中的各种场景。例如，在训练中，可以设置一系列的柔韧度训练动作，通过不同强度的持续训练来逐步提高运动员的柔韧度水平。

连续性的训练可以避免柔韧度水平的波动和下降。如果训练不连续或间断，运动员的柔韧度水平很容易降低。特别是在比赛季节，由于比赛密集和训练安排的变动，运动员可能没有足够的时间和机会进行柔韧度训练。这时，若能将柔韧度训练纳入日常的训练计划中，并且保持一定的持续性，则可以避免柔韧度水平的不稳定和下降。因此，高校篮球队应当合理安排训练计划，确保柔韧度训练的连续性，为运动员提供持续、稳定的训练机会。

连续性的训练有助于增强运动员对于不同训练负荷的适应能力。柔韧度训练的强度和持续时间应有一定的变化，以实现不同程度的拉伸效果。通过连续性的训练，运动员的肌肉和关节系统可以逐渐适应不同负荷的拉伸，从而提高柔韧度。在训练中，可以通过渐进式地增加负荷、逐渐延长持续时间、改变动作难度等方式来达到连续性训练的要求。

（三）有效性原则

在高校篮球柔韧素质训练中，有效性原则的核心是确保柔韧度训练的效果最大化，使运动员能够在比赛中有最佳的柔韧度表现。

为了遵循有效性原则，需要制定明确的训练目标。运动员的柔韧度水平是不同的，因此应根据个体的实际情况来确定训练目标。柔韧度训练应有针对性地提高运动员在比赛中所需的柔韧度水平，以达到更好的运动表现。例如，对于篮球运动员来说，他们需要具备较高的弯腰、旋转和跳跃的柔韧度，因此训练目标应该聚焦在这些方面。

为了遵循有效性原则，柔韧度训练应具有渐进性。运动员的柔韧度需要通过逐步增加训练难度和强度来提高。训练计划应包括逐渐增加训练量、提高训练频率及引入高强度的训练方法，以促进运动员的柔韧度进一步提高。

为了遵循有效性原则，在柔韧度训练中应注重个体差异性。每名运动员的柔韧度水平及身体结构都存在差异，因此应根据个体的特点调整训练方案。一些运动员可能天生柔韧度较高，他们可以借助自身的优势来进行更具挑战性的柔韧度训练；而一些运动员可能柔韧度较低，需要进行专门训练来提高柔韧度。

为了遵循有效性原则，柔韧度训练应具备综合性。柔韧度不仅包括局部肌肉的柔韧度，而且包括关节的柔韧度及整体身体的协调性。因此，柔韧度训练应该是一项综合性训练，包括静态和动态的柔韧度训练，结合拉伸、放松、控制呼吸等多种方法。同时，通过运用不同的器械和道具（如拉力带、球等），可以增加柔韧度训练的趣味性。

三、高校篮球柔韧素质训练的方法

（一）动态拉伸训练法

动态拉伸训练法是一种针对高校篮球运动员进行柔韧素质训练的有效方法。

动态拉伸主要通过模拟比赛运动动作，结合身体的自然运动来达到增加柔韧度的目的。

在动态拉伸训练中，运动员会进行一系列的动态运动（如踢腿、跑步、弯腰等），以积极活动肌肉和关节，促进血液循环，并逐渐增加肌肉的伸展程度。这种训练方法可以提高肌肉群的协调性，增加肌肉的弹性和可伸展性，从而提高运动员在比赛中的灵活性和动作的可控性。

动态拉伸训练的好处不仅体现在柔韧度的提升上，还体现在预防运动伤害上。通过动作的模拟和肌肉的伸展，可以有效改善关节的稳定性和灵活性，减少运动时的不适和损伤风险。此外，动态拉伸训练有助于提高运动员的爆发力和速度。这是因为，柔韧度的提升可以使肌肉更有效地运动，从而提高整体运动表现。

在进行动态拉伸训练时，需要注意以下几点。第一，要选择适当的动态运动，以配合篮球比赛中常见的动作，如投篮、篮板抢断等。第二，要保持动作的流畅性和连贯性，避免过于急促和做剧烈的动作，以免引起肌肉拉伤。在训练过程中，应该逐渐增加动作的幅度，不能过度拉伸，以免造成肌肉过度拉伸和损伤。

（二）静态拉伸训练法

静态拉伸训练的主要目的是通过缓慢而稳定地拉伸肌肉和韧带，增加关节的运动范围，提高身体的灵活性和柔软度。静态拉伸是一种被广泛接受的训练方式，它能够帮助篮球运动员在比赛和训练中更好地控制身体，减少受伤的风险。

在静态拉伸训练中，运动员通常需要在伸展的位置保持30秒到1分钟的时间。在这个时间段内允许身体逐渐适应并放松，从而更深入地进行拉伸。静态拉伸可以针对不同的肌肉群（包括腿部、臀部、背部和肩膀等），通过一系列的伸展动作（如站立伸展、坐姿伸展和俯卧伸展等）来实现。

静态拉伸训练中，运动员会在伸展时感到轻微的拉伸，但不应该感到疼痛或不舒服。如果有疼痛感，应适当降低拉伸程度或停止拉伸。此外，在进行静态拉伸时，运动员需要保持呼吸平稳，利用深呼吸来放松身体，以达到更好的拉伸效果。

静态拉伸训练可以结合其他训练方法来进行，如配合使用拉力带或伸展器材。这些辅助工具可以提供更好的支撑，使运动员能够更加精准地进行静态拉伸。同时，可以根据不同的训练目标和个体差异，调整静态拉伸的时间和次数，以达到最佳效果。

（三）复合式拉伸训练法

复合式拉伸训练法结合了动态拉伸和静态拉伸的特点。该方法通过有氧和无氧的训练方式，能够提高运动员的柔韧度，增加肌肉纤维的弹性和可伸展性。

在复合式拉伸训练中，需要选取适合运动员身体需求和运动目标的拉伸动作，并通过连续的动作序列来完成。这些动作可以包括舒展身体的各个部位，如躯干、下肢、上肢和核心肌群。通过综合各个部位的拉伸动作，可以全面提高运动员的身体柔韧度。

在复合式拉伸训练中，可以在训练前或运动活动开始前运用这种训练方法，以帮助运动员保持好身体状态，并预防运动损伤的发生。拉伸的动作应流畅、轻松，并且持续一段时间，以使肌肉逐渐适应并达到最佳的拉伸效果。

与其他拉伸方法相比，复合式拉伸训练具有更多的优势。第一，它能够同时锻炼多个身体部位，使运动员能够全面提升身体的灵活性。第二，复合式拉伸训练能够增强肌肉的稳定性和力量，并改善肌肉的协调性。第三，该方法有助于提高运动员的运动能力和技术水平，使其在比赛中能够更好地应对不同的运动需求。

在进行复合式拉伸训练时，需要注意一些原则和技巧。第一，要确保拉伸动作的姿势正确，以充分发挥其作用。第二，在进行复合式拉伸训练时，要保持呼吸平稳且放松，以减少肌肉的紧张。第三，在选择拉伸动作时，要根据运动员的个人特点和训练目标进行调整，以达到最佳的训练效果。

第六章　高校篮球运动训练方法的创新探索

第一节　基于 SSG 训练方法的高校篮球运动训练

一、SSG 训练方法概述

（一）SSG 训练方法的定义

SSG 训练方法是指小场地比赛（small-sided games）在训练中的应用。小场地比赛训练是指将正式比赛的比赛场地、人数、规则进行一定的缩小和修改，形成的一种训练方式。在 SSG 训练中，一般采用较小的场地，增加比赛人数密度，缩短比赛时间，以达到提高运动员技术和战术能力的目的。SSG 训练方法被广泛应用于各个领域。它在高校篮球训练中的应用效果特别显著。

SSG 训练方法的核心理念是通过模拟正式比赛的场景和压力，提供更接近实际比赛环境的训练机会。相比于传统的线性化训练方式，SSG 训练方法注重在真实比赛情境中培养运动员的技术、战术和意识。小场地比赛的特点使运动员在有限的空间内快速做出决策、熟练运用技巧，并与队友进行有效的合作。因此，SSG 训练方法能够有效培养运动员的技术能力、战术素养和团队协作能力。

（二）SSG 训练方法的特点

1. 多样性

通过设定不同的训练目标和规则，可以设计多样的训练内容。例如，可以通过改变场地大小、人员配比及规则设置等，来模拟不同的比赛情境（如全场、半场、快攻、防守等），从而让运动员在训练中面临不同的挑战。这种多样性的训练方式可以更好地激发运动员的兴趣和主动性，提高训练的效果。

2. 实战性

相比于传统的技术练习，SSG 训练更加贴近实际比赛情境，能够让运动员在更真实的环境中进行训练。在 SSG 训练中，运动员需要根据实际比赛情况做出判断和决策，同时要与其他队员进行协作。这种实战性训练能够培养运动员的比赛意识、适应能力和团队合作精神，提高他们在实际比赛中的表现。

3. 个性化

在训练中，每名运动员都有机会展示自己的特长和技能。通过设定不同的角色和任务，可以让运动员在训练中发挥自己的优势，并对弱项进行有针对性的训练和改进。这种个性化的训练方式能够提高运动员的自信心和技术水平，培养他们的个人能力和战术意识。

4. 合作性

在 SSG 训练中，运动员需要与队友紧密合作，共同完成训练任务。这种合作性训练能够培养运动员的合作意识和默契程度，提高整个团队的协作能力。同时，通过与其他队友的合作，运动员还能够学习到如何与不同类型的队友进行协调和配合，增强团队的整体实力。

二、SSG 训练方法在高校篮球训练中的优势

SSG 训练方法在高校篮球训练中的应用具有以下几个方面的优势。

SSG 训练方法可以提供更加真实、复杂的比赛场景。在传统的篮球训练中，由于场地、人员及时间的限制，很难模拟真实的比赛情境；而运用 SSG 训练方法，可以将运动员分为若干小组，在较小的场地上开展比赛，这样可以更好地模拟真实的比赛环境。运动员需要在有限的空间内运用技巧和战术，并与对方进行对抗，这样更加贴近实际比赛的情况。这种真实的比赛场景可以帮助运动员更好地适应比赛压力，提高他们的应对能力和决策能力。

SSG 训练方法可以增强运动员的协作能力和团队意识。在传统的技术训练中，运动员通常是独立进行训练，很难培养他们的团队合作意识；而在 SSG 训练中，运动员需要与队友进行配合、传接球、组织进攻等，这要求他们具备良好的协作能力和团队意识。通过反复的小场比赛训练，运动员能够逐渐熟悉彼此的运动方式、习惯和战术，形成默契的配合关系，进而提高整体的战术执行能力。

SSG 训练方法可以提高运动员的技术水平及比赛智慧。在小场比赛中，由于场地较小、人员较少，运动员需要更加频繁地接触球、参与比赛。这使得他们在有限的空间内更快地做出正确的判断和决策，进而提高技术动作的准确性和反应能力。同时，SSG 训练方法更加注重战术的运用，运动员需要根据不同的比赛情况和对手的防守来调整自己的战术策略，提高比赛智慧和适应能力。

SSG 训练方法在高校篮球训练中有助于培养运动员的战术意识。通过在小场地上进行小组对抗，运动员需要更好地协同合作、灵活应对对手，不断调整和改进战术策略。这种集体协作与战术训练相结合的方式，使运动员能够在实际比赛中更好地理解和应用战术知识，提高整体团队的战斗力。

SSG 训练方法有利于提高运动员的身体素质。在 SSG 训练中，运动员需要频繁地进行爆发力、耐力、速度等方面的训练，以适应比赛中的高强度对抗和快节奏的变化。这种体能训练的融入，不仅有助于增强运动员的身体素质，而且有利于降低训练的单调性，提高运动员的训练参与度。

SSG 训练方法能够促进运动员进行自主学习和技能创新。在 SSG 训练中，由于场地较小，运动员需要通过与对手的实际对抗寻找突破和创新的机会。这种自主学习和技能创新的培养，有助于提高运动员的创造力和解决问题能力，使他们能够在比赛中更加灵活地应对各种情况。

三、基于 SSG 训练方法的高校篮球技术训练

(一) 基于 SSG 训练方法的运动员基本技术训练

基于 SSG 训练方法的高校篮球技术训练，不仅注重个人技术的提升，更加强调团队的协作与配合，使运动员在训练中更加全面、综合地提升自己的篮球素养。

基本技术训练的核心是掌握准确的传球和接球技巧。通过 SSG 训练方法，教练可以设计各种传球和接球的练习，如全场边线传球、两人传球接球等。这样的练习能够培养运动员的空间意识，提高他们传球的准确度和速度，从而增强球队的流畅配合能力。

运球和控球技巧是基本技术训练的重要内容。在采用 SSG 训练方法时，可以通过小场地的比赛形式，让运动员在有限的空间内进行运球和控球，增强他们的盘带能力和球权保护意识；还可以组织一些技术对抗性的练习，让运动员

在对抗中学会如何运用各种变向、变速等技巧，从而提高他们在比赛中的应变能力。

投篮技术也是基本技术训练的重要环节。通过运用 SSG 训练方法，可以设置不同的投篮练习场景（如快速跑动中的投篮、固定位置的投篮等），帮助运动员提高投篮准确度和稳定性；还可以引入一些个人技术挑战活动（如单手投篮、后仰投篮等），激发运动员的创造性和自信心，提升他们在比赛中的得分能力。

防守和篮板技术是基本技术训练的重要组成部分。通过运用 SSG 训练方法，可以设计一些针对防守和篮板的对抗练习（如双向压迫防守、防守演练等），培养运动员的防守意识和反应能力；同时增强运动员对篮板的争抢和保护意识，让他们在比赛中能够积极争取篮板机会，为球队争取二次进攻机会。

（二）基于 SSG 训练方法的团队协作技术训练

通过团队协作训练，运动员可以提高彼此间的配合和协调能力，进而提升整体的比赛表现。基于 SSG 训练方法，可以设计多种团队协作技术训练，以达到更好的效果。

在团队协作技术训练中，可以将训练动作分解为几个部分，让运动员清晰地了解自己在整个配合中的角色和位置。通过这种方式，运动员可以更好地理解每个动作环节的重要性，并能够更好地配合团队中其他队友的动作。

在团队协作技术训练中，可以将不同的配合要求归纳为几个关键点。例如，在进攻方面，运动员需要理解团队进攻的基本要点，如快速传球、跑位和策应等；在防守方面，运动员需要注意团队联防、协防等战术配合。通过明确这些要点，运动员可以更好地理解团队协作技术训练的重点，从而提升整体团队的配合水平。

在团队协作技术训练中，可以向运动员展示成功的团队配合案例，激发他们的积极性，使他们意识到只有通过良好的团队协作，才能在比赛中取得更好的成绩。

四、基于 SSG 训练方法的高校篮球战术训练

（一）基于 SSG 训练方法的球队战术训练

球队战术训练是高校篮球训练中的重要组成部分，也是培养球队整体协作

能力和提高比赛胜率的关键。基于 SSG 训练方法，球队战术训练具有以下几个特点和优势。

通过运用 SSG 训练方法，可以实现球队战术的整体性训练。传统的训练方法常常只注重细分的技术训练和个体能力的提升，忽视了球队整体的协作和战术配合。而 SSG 训练方法强调基于游戏的实际情境，使运动员能够在比赛中更好地适应变化、展现实力。球队战术训练通过模拟实际比赛中的情境，可以提高运动员的战术意识和整体配合能力，从而更好地应对各种比赛局势。

SSG 训练方法注重实战性和环境复杂性。传统的训练方法常常只侧重技术的练习，而忽视了战术运用的真实性和环境的变化。在 SSG 训练中，球队能模拟真实的比赛情况和对抗环境，使运动员能更好地理解并应用战术。环境复杂性的训练使运动员能够更好地适应比赛中的各种变化，提高其应变能力和决策能力。

SSG 训练方法注重战术思维的培养。传统的训练方法常常侧重技术的熟练，而忽视了战术思维的培养。在 SSG 训练方法下，球队战术训练通过模拟比赛情境，注重运动员战术意识的培养和决策能力的提高。通过反复的战术训练，运动员能够更好地理解和掌握战术要求，并在比赛中做出正确的战术决策。

（二）基于 SSG 训练方法的运动员个人战术训练

通过个人战术训练，运动员可以提高个人技术水平并增强个人战术意识，从而在比赛中更好地发挥作用。基于 SSG 训练方法的运动员个人战术训练，具有以下特点。

基于 SSG 训练方法的运动员个人战术训练注重培养运动员的创造力和自主能力。传统的战术教学往往注重固定的战术套路和位置分工，而忽视了运动员的个人特点和创造力。通过 SSG 训练方法，运动员在自由的环境中进行战术训练，可以更好地发挥个人技术，培养创造力和自主能力。

基于 SSG 训练方法的运动员个人战术训练强调团队合作与个人技术的结合。在传统的训练中，个人技术训练和球队战术训练往往分开进行，导致运动员在比赛中难以将个人技术与战术结合起来。而基于 SSG 训练方法的个人战术训练让运动员在团队合作的背景下进行个人技术的锻炼，真实地模拟比赛场景，能够有效提高运动员在比赛中的战术适应能力。

基于 SSG 训练方法的运动员个人战术训练注重培养运动员的意识和决策能力。在传统的战术训练中，运动员往往被动接受指令，缺乏独立思考和决策的机会。而基于 SSG 训练方法的个人战术训练需要运动员根据场上形势做出判断和决策，能够有效培养他们的赛场意识和决策能力。

基于 SSG 训练方法的运动员个人战术训练不仅可以提高运动员的技术水平和增强战术意识，还可以促进运动员之间的交流和团队精神的培养。在训练过程中，运动员需要相互配合和合作，通过交流和协作，形成团队配合能力。这种团队精神的培养对于球队的整体竞争力和成绩提升具有重要意义。

第二节　基于 SAQ 训练方法的高校篮球运动训练

一、SAQ 训练方法概述

(一) SAQ 训练方法的定义

SAQ 训练方法是关于速度（speed）、灵敏（agility）、快速反应（quickness）的一种训练方法，它在高校篮球训练中有重要的作用。SAQ 训练方法的核心思想是通过特定的训练手段，提高运动员的速度、敏捷性和爆发力，从而使他们能够在比赛中更加快速、灵活地反应和执行各项动作。

SAQ 训练主要包括速度训练、敏捷性训练和爆发力训练。通过这些训练组成的综合训练，可以全面提升运动员的身体素质和技术水平。

速度训练是指通过各种科学的训练手段（如短跑、往返跑等），针对运动员的加速度、最高速度及改变方向的速度进行训练。速度训练能够帮助运动员在比赛中迅速冲刺和迅速回防，提高整体的比赛速度。

敏捷性训练是指通过各种灵活性训练（如变向跑、侧移、脚步变化等），帮助运动员提高身体的灵活性和协调性。敏捷性训练可以使运动员在比赛中更加敏捷地转向、变向和应对突发情况，提高其应变能力和反应速度。

爆发力训练是指通过各种爆发力训练（如弹跳训练、跳跃训练等），来提高运动员的爆发力。爆发力训练可以使运动员在比赛中更加强劲地跳跃、冲刺和执行技术动作。

(二) SAQ 训练方法的特点

1. SAQ 训练方法重视运动技术和动作的精准性

在 SAQ 训练中，运动员需要通过运用正确的技术完成各项训练动作，这不仅有助于提高运动员的身体协调性和动作准确性，还能够帮助运动员发挥动作优势和对技术细节进行把握。通过反复的训练，运动员能够更加熟练地掌握各种技术动作，从而在比赛中更好地运用到实际战术中。

2. SAQ 训练方法注重培养运动员的战术智慧和应变能力

在 SAQ 训练中，运动员需要在快速变化的场景中做出正确的战术决策，并迅速调整自己的动作和位置。通过模拟比赛中的真实场景（如进攻时的突破、盯人防守、快速传球等），SAQ 训练方法可以让运动员快速适应比赛中的各种战术需求，并提高他们的观察能力和应变能力。

3. SAQ 训练方法强调训练的系统性和循序渐进性

通过合理的训练计划和分阶段的训练安排，SAQ 训练方法能够让运动员从基础训练开始逐步提升自己的身体素质和技术能力。训练中的难度和强度会逐渐增加，让运动员在稳定的环境下逐渐提高自己的能力。这种系统性的训练方法有助于运动员稳步提升，而不是盲目追求短期效果。

二、SAQ 训练方法在高校篮球训练中的优势

(一) 有助于提高篮球运动员的速度

在比赛中，能够快速反应和迅速移动的篮球运动员通常具有更大的优势。SAQ 训练方法的一个主要特点就是能够有效地提高篮球运动员的速度。

1. SAQ 训练方法注重培养运动员的快速反应能力

在 SAQ 训练中，通过模拟比赛场景，篮球运动员需要迅速做出反应并执行相应的动作。这种训练方法能够有效地提高运动员的神经反应速度和身体的协调性，使其在比赛中能够快速做出正确的判断和反应。例如，在一对一的对抗

训练中，教练突然示意运动员开始进攻，同时要求运动员在规定时间内完成得分，这种训练可以迫使运动员快速反应并提高速度。

2. SAQ 训练方法注重运动员爆发力和加速度的训练

在篮球比赛中，通过快速的爆发和加速度可以抢先一步赢得进攻的机会，避免被对手拦截。SAQ 训练方法中的冲力和爆发性动作（如冲刺、跳跃等），可以帮助篮球运动员提高爆发力和加速度。通过不断练习和锻炼，篮球运动员的肌肉纤维和神经系统能够得到更好的协调，从而提高比赛中的速度。

（二）有助于提高篮球运动员的敏捷性

SAQ 训练方法着重强调对运动员快速反应能力和身体协调能力的培养。通过运用一系列的多样化训练动作（如跳跃、迅速变向、转身和停滞等），能够帮助运动员快速做出反应，迅速调整身体姿势，从而在比赛中展现出更加敏捷迅速的动作。

SAQ 训练方法注重培养运动员的运动技巧和反应能力。在篮球比赛中，敏捷性往往决定了运动员的表现。运动员需要具备迅速改变方向的能力，能够快速完成一系列技术动作，如变向运球、突破、变速等。通过 SAQ 训练，运动员能够灵活应对防守，快速完成技术动作，提高突破能力和传球准确性，从而在比赛中取得更好的成绩。

SAQ 训练方法强调对运动员灵活性和身体控制能力的提升。在篮球比赛中，运动员需要在狭小的空间内进行快速的变向和转身动作，因此灵活性和身体控制能力对于运动员的表现至关重要。通过运用 SAQ 训练方法，运动员能够增强关节的灵活性，提高身体控制的准确性，从而更好地应对比赛中各种复杂的局面。

（三）有助于提高篮球运动员的快速力量

在传统的力量训练中，更多注重的是稳定性和持久性的力量，而忽视了对快速力量的培养。通过运用 SAQ 训练方法，可以有针对性地提高篮球运动员的快速力量，使其在比赛中具备更强的爆发力和迅速响应的能力。

SAQ 训练方法注重动作的快速切换和迅速变向。通过一系列的多样化动作训练，如快速起跳、迅速转身等，能够有效提高运动员的快速力量。这种训练形式更贴近实际比赛中的需求，帮助运动员更快地做出反应，抢先一步完成进攻或者防守动作。

SAQ训练方法强调速度和力量的结合。SAQ训练不仅注重运动员的爆发力和速度，还要求运动员在高速状态下保持稳定的力量输出。这样的训练方式能够锻炼运动员在高速奔跑、突破、冲刺等动作中的快速力量，让他们能够更好地掌握技术细节，提高比赛中的成功率。

SAQ训练方法注重全身力量的提升。在篮球比赛中，身体的每一个部位都扮演着重要的角色。只有全身力量发展得均衡和协调，运动员才能够在比赛中充分发挥自己的潜力。SAQ训练方法不仅注重下肢的力量训练，而且注重上肢、核心肌群和稳定肌肉的训练，这使得篮球运动员能够提高各个方面的快速力量。

三、基于SAQ训练方法的高校篮球技术训练

（一）SAQ训练方法在篮球投篮训练中的应用

在篮球投篮训练方面，SAQ训练方法可以帮助提升运动员的动作速度、敏捷性和反应能力，进一步提高其投篮命中率。

通过SAQ训练方法，运动员可以提高投篮前的动作速度。在篮球比赛中，投篮是一个非常关键的技术环节，而快速、准确地完成投篮动作需要运动员具备快速的身体反应能力。SAQ训练方法强调通过快速的动作练习来培养运动员的身体协调能力和反应速度，使其能够在比赛中更加迅速地完成投篮动作。这种训练方法能够让运动员在投篮前迅速做出准备动作，提高运动员的投篮速度和效率。

SAQ训练方法可以增加运动员的敏捷性。篮球投篮往往需要运动员在场上灵活自如地移动和转身，以获得最佳的出手位置。SAQ训练方法注重通过各种敏捷性训练来提高运动员的身体机动性和灵活性，使其能够更灵活地调整身体姿势，找到最佳的出手机会。通过练习侧身投篮、后撤步投篮等动作，运动员可以更好地适应比赛中的复杂场景，提高他们在紧张局面下的投篮准确度。

SAQ训练方法可以提升运动员的反应能力。在篮球比赛中，时间是非常宝贵的，投篮时机往往只有一瞬间。SAQ训练方法中，运动员可以进行各种反应训练，提高其对变化的感知和反应速度。例如，通过使用反应训练器，运动员

可以在视觉刺激变化时，迅速做出反应并完成投篮动作。采用这种训练方法，可以培养运动员的观察力、反应速度和决策力，提高他们在比赛中的投射能力。

（二）SAQ 训练方法在篮球运球训练中的应用

运球是篮球运动中至关重要的技术之一。通过应用 SAQ 训练方法，可以有效提高运动员运球技术的水平，提升运动员的敏捷性和反应能力。

在运球训练中，SAQ 训练方法通过一系列快速变化的动作要求，能够帮助运动员在高强度的情况下进行运球，并在短时间内做出正确的决策。例如，利用 SAQ 训练方法进行强化训练，运动员可以在模拟实际比赛中承受压力，迅速做出判断并做出正确的运球动作。

SAQ 训练方法强调运球动作的多样性和复杂性。在训练中，通过设置各种不同的障碍、进行各种运球变化等方式，让运动员不断应对不同的情况，不断提高他们的运球能力。这种多样性的训练可以提高运动员的反应速度和协调性，使他们能够更好地应对比赛中复杂多变的场景。

SAQ 训练方法注重对运动员爆发力和速度的训练。在篮球运球中，快速加速和突破是非常关键的。通过 SAQ 训练方法的强化训练，运动员可以在短时间内快速启动并迅速加速，能够更好地应对对手的防守，并完成突破或传球等动作。

SAQ 训练方法能够帮助运动员提高他们的平衡和身体控制能力。在运球过程中，运动员需要在保持稳定性的同时灵活地控制身体。通过 SAQ 训练方法中的平衡训练和敏捷度训练，运动员可以提高平衡和身体控制的能力，从而更好地完成各种复杂的运球动作。

（三）SAQ 训练方法在篮球传球训练中的应用

为了提升传球技巧和传球速度，越来越多的运动员开始采用 SAQ 训练方法来辅助训练。SAQ 训练方法的特点使其成为一种理想的辅助方法，有效地帮助运动员在传球技巧和速度方面取得突破性进展。

在 SAQ 训练中，通过快速反应和判断能力的训练，运动员能够在传球中更加机智迅速地做出正确的决策。在 SAQ 训练中，运动员与训练伙伴进行快速的传球练习，这不仅要求他们能够准确地传球，而且要求他们能够迅速地判断接球人的位置和状态，并做出相应的传球决策。这种训练模式可以让运动员在竞技场上更加机敏地做出应对，提高他们的传球效率和准确性。

在 SAQ 训练中，运动员可以通过多种传球动作的练习，增强传球技巧和传球的多样性。传球不是简单地把球传给队友。不同的比赛场景和战术需要不同的传球技巧。采用 SAQ 训练方法，运动员可以进行各种类型的传球练习（如长传、快速传递、跳投传球等），从而提高他们的传球技巧和传球的多变性。这种综合性的训练可以让运动员在比赛中更加灵活和多样地运用各种传球技巧，为球队创造更多的得分机会。

SAQ 训练方法中，运动员通过高强度的训练提高传球的速度和力量。传球的速度和力量是决定传球效果的重要因素。在 SAQ 训练中，运动员应在短时间内完成快速连续的传球动作。这种高强度的训练可以有效地提高运动员的上肢爆发力和传球速度，使他们在比赛中能够更快地传球，给对手带来更大的压力，同时为自己的队友创造更多的得分机会。

（四）SAQ 训练方法在篮球防守训练中的应用

随着现代篮球比赛节奏和强度的提高，传统的防守训练已经不能满足运动员的需求。因此，采用基于 SAQ 训练方法的防守训练，成为提高高校篮球运动员防守能力的一种重要途径。

基于 SAQ 训练方法的防守训练注重运动员的速度、敏捷性和爆发力的提升。在篮球比赛中，运动员需要迅速地调整防守位置、切入传球路线和封堵对手的投篮角度。采用 SAQ 训练方法，运动员可以做一系列的快速转换和刺激性训练动作，增强身体的感知能力和协调性，提高反应速度和身体控制能力，从而更好地应对防守局面。

在篮球防守训练中，SAQ 训练方法重视技术动作的规范性和精准性。在防守时，运动员需要正确地运用手臂、脚、身躯等部位进行防守动作，以减少对手得分的机会。基于 SAQ 训练方法的防守训练强调动作的规范性和技术的精准性。通过反复的练习和模拟比赛情景的训练，运动员能够更好地掌握防守技术，并将其应用于实际比赛中。这不仅提高了运动员的防守水平，而且为球队的整体防守打下了坚实的基础。

基于 SAQ 训练方法的防守训练注重团队合作与协作能力的培养。在篮球比赛中，防守对手往往需要团队的协作和配合。通过 SAQ 训练方法进行防守训练，运动员不仅能够提高个人的防守能力，更能够增强团队的整体防守能力。在训练中，教练会设计各种协作训练，运动员需要学会相互配合、密切协作，以有效地压制对方的进攻，并实施有效的篮板抢夺和防守阻拦。这种训练模式不仅能够提高球队的整体防守能力，更能够使运动员默契配合，为球队的胜利打下坚实的基础。

四、基于 SAQ 训练方法的高校篮球战术训练

（一）SAQ 训练方法在篮球进攻战术中的应用

SAQ 训练方法注重快速反应和爆发力的提升。运动员在训练中通过反复的敏捷动作练习，可以大大提高他们在进攻端的反应速度和爆发力。这对于快速突破和突破后的变向、抛投等技战术非常关键。在进攻中，运动员往往需要在短时间内做出正确的决策。通过 SAQ 训练，运动员能够提高反应速度，并在比赛时更快地找到机会和创造机会。

SAQ 训练方法注重对敏捷性的强化。敏捷性是指运动员在动作上的灵活性和机动性，它是完成各项技巧动作的前提。通过 SAQ 训练，运动员能够提高敏捷性，从而在比赛时更加迅速地变向、转身，更好地应对防守运动员的干扰。在面对复杂的防守体系时，运动员能够更加灵活地切换进攻方向，找到空当完成投篮或传球。敏捷的身体动作使运动员的技术更具威胁性，能够更好地打破对方的防线。

SAQ 训练方法注重提升运动员在进攻中的协调性。篮球比赛时，进攻中，运动员需要与队友进行有效的配合。SAQ 训练方法有助于培养运动员的默契和协作能力，使他们能够更好地理解队友的意图和动作，从而更准确地传球和选择进攻路线。进攻中的协调性对于球队的整体战术非常关键，它可以提高球队的进攻效率和打破对方的防守。

（二）SAQ 训练方法在篮球防守战术中的应用

在高校篮球训练中，运用 SAQ 训练方法来提升运动员的防守能力，对于整个球队的防守战术执行和比赛的胜利具有重要意义。

在 SAQ 训练方法的指导下，运动员能够提高他们的速度和敏捷度，从而在防守时更加迅速地跟随对手移动。这种训练使运动员在防守时能够更好地做出正确的判断和决策，有效地切断对手的传球线路和突破路径。运动员可以运用他们在 SAQ 训练中获得的爆发力和加速度，迅速移动到更佳的防守位置，给对

手制造困扰，并限制对手的得分机会。

SAQ 训练方法的核心理念之一是多向运动的训练，通过练习不同方向上的移动，提高身体控制能力，更好地保持平衡和稳定性，在防守时更加灵活地调整姿势和站位。这对于在篮球比赛中应对各种变化的进攻方式尤为重要：无论面对对方运动员的快速变向突破还是随时准备进行紧逼防守，运动员都能够更好地控制自己的身体，快速做出反应，从而有效地干扰对手的进攻。

SAQ 训练方法注重对运动员身体转向和转身速度的训练。在篮球比赛中，防守过程中需要不断与对方运动员进行对位，并及时调整自己的位置。SAQ 训练中的转向和转身技巧练习可以帮助运动员更加灵活地转向和调整站位，从而更好地抵挡对方的进攻，保护自己的篮筐。

（三）SAQ 训练方法在篮球反击战术中的应用

通过 SAQ 训练方法的应用，运动员能够更快速地反应和抢断对方的传球。在反击战术中，快速抢断对方传球是非常重要的，能够迅速制造进攻机会。SAQ 训练方法注重瞬时爆发力和敏捷性的提升，通过训练，运动员能够显著提高反应能力和灵敏度，从而更快速地对对方的传球做出反应，并迅速抢断球权。

SAQ 训练方法能够帮助运动员更好地进行快速的传接球。反击战术的关键在于快速传球和精准接球，这需要运动员具备较高的协调性和手眼配合能力。在 SAQ 训练中，各种基础动作训练和传接球练习可以提高运动员的身体控制能力和手部灵活性，使其在高速奔跑中能够准确传球和接球，从而更好地发起反击。

SAQ 训练方法能够培养运动员的快速决策能力和意识。反击战术要求运动员在短时间内做出正确的决策，包括选择传球目标、停球或是持球推进等。SAQ 训练方法通过模拟实战情景的训练，可以在高速移动中培养运动员较高的观察力和判断能力，使其能够更准确地做出决策。这对于反击战术的有效实施至关重要。

参考文献

[1] 刘健.当代高校篮球教学理论与实践方法研究[M].北京:经济科学出版社,2022.

[2] 魏超.高校篮球教学与训练指导新探[M].长春:吉林出版集团股份有限公司,2022.

[3] 胡惕,李笋南.篮球基本技术教程[M].北京:北京体育大学出版社,2021.

[4] 庞浩琳.高校篮球教学训练理论与方法[M].长春:吉林人民出版社,2023.

[5] 石颖.青少年篮球教学训练体系研究[M].长春:吉林大学出版社,2021.

[6] 张秀梅.篮球运动基本技术教学与训练[M].长春:吉林人民出版社,2021.

[7] 于洋.高校篮球教学训练技巧研究[M].北京:新华出版社,2020.

[8] 孙静.高校篮球运动教学与训练研究[M].长春:吉林出版集团股份有限公司,2022.

[9] 李杨.青少年篮球发展指南[M].北京:中国书籍出版社,2021.

[10] 胡文娟.高职院校篮球教学研究[M].长春:吉林人民出版社,2020.

[11] 刘龙.篮球运动教学与系统训练研究[M].长春:吉林人民出版社,2023.

[12] 闫萌萌,张戈.当代高校篮球教学与训练实践研究[M].太原:山西经济出版社,2020.

[13] 王益权.篮球技战术训练方案设计与方法探索[M].广州:广东人民出版社,2022.

[14] 李赫.数字化背景下篮球运动教学与训练[M].沈阳:辽宁科学技术出版社,2023.

[15] 崔鲁祥.实用篮球运动教程[M].沈阳:辽宁人民出版社,2023.